# 私の映画談義

## 昔、観た映画を語る

木村 ようじ

# はじめに

この年齢（八八歳）になって、なんで映画談義なのか。

おそらく、誰にでもいくつになっても忘れられない映画があるのではないか。

私の場合、恥ずかしながら中学生から高校生にかけてようやく人生やら、社会やらについて考え始めた頃に、一番影響を受けたのは、読書よりも映画だったような気がする。

だから、私がごく若い頃に観たいくつかについて「なぜ、いつまでも忘れられないのだろうか」を考えてみたいのだ。

さいわい、いまはＤＶＤというものがあって、手軽に昔の映画を見直すことができる。

そうすると、私という人間が、なるほど、そういうシーンを観て、できていったのだなという感じである。

ま……、年寄の懐古趣味と言ってしまえばそれまでだが。

# 目次

## 18. なんといっても時代劇

# 1. わが思春期の人生「体験」

## 不倫と裏切り
## 『肉体の悪魔』クロード・オータン＝ララ監督（一九四七年）

なぜこの映画をとりあげるのか。それは私にとって生涯忘れることのできないシーンがあるからである。それはほんの短い、さりげないシーンなのである。

第一次世界大戦の末期のフランス。ドイツは敗北寸前だが、まだ国内には空襲があり、主人公が通う学校に隣接している病院には、負傷者が続々と運ばれてくる。

映画はそういう状況を写しだし、まだ未成年の学生フランソア（ジェラール・フィリップ）が、看護婦マルト（ミシュリーヌ・プレール）に恋をする話である。マルトは人妻、亭主は戦争に行っている。出征している亭主は映画にはほとんど登場せず、最後に復員して帰ってくるシーンにチラッと登場するだけである。つまり、映画の主題は不倫であり、戦争に行っている亭主は裏切られ続けるわけである。

ジェラール・フィリップは一七歳の若者の無鉄砲な恋をうまく演じる。ミシュリーヌ・プレールも美しく可愛い。原作はレイモン・ラディゲの小説だが、中身は恐ろしく背徳的な映画である。

驚愕したのは、映画の最後に亭主が復員してくると、フランソアが散々裏切ってきた亭主の顔

を見たくて、通行人を装って煙草の火を借りるシーンである。背嚢を背負った復員兵である亭主が歩いてくる。フランソアとすれ違う。ちょっと通り過ぎたところで振り返り、「すみません」と声をかける。亭主が立ちどまると、「火を」と煙草をだすと、亭主が咥えていた煙草を差しだす。フランソアは自分の煙草に火を移すと「どうも」と言って亭主の煙草を返す。その時、フランソアは、チラッと亭主の顔を見る。亭主は何も気づかずに立ち去る。なんという恐ろしいシーンかと思った。人間と人間との関係には、こういう恐ろしいことが起きるのだと、大人になりかけの私は感じとったのだと思う。

ちなみに亭主を演じた俳優はセルジュ・レジアニという。私はこの作品で同情するあまり、彼のファンになった。セルジュ・レジアニはいくつかの主演映画もあるが、かなりフランス映画界の名脇役として活躍したのである。

政治的虚無との遭遇

## 『第三の男』キャロル・リード監督（一九四九年）

映画史に残る名画のひとつに間違いない。

原作はグレアム・グリーン。シナリオもグレアム・グリーン。そして音楽がアントン・カラスである。

キャロル・リードの映画づくりも冴え渡っているが、場面転換ごとにアントン・カラスのチター演奏が入ってくるので、テンポのよい西洋式浪花節を観ているようで、何回観ても飽きない。

大学時代に親友だったふたりが、善人と悪人にわかれ、裏切り、裏切り返す物語である。もちろん女もからむ。

時は第二次世界大戦が終わったばかり。舞台はオーストラリアのウィーン。米、英、仏、ソの連合四カ国がウィーンを分割、占領していて、四カ国が国際警察をつくって治安維持にあたっていた時代のことである。

アメリカの大衆小説家、ホリー・マーチンス（ジョセフ・コットン）が、大学時代の親友ハリー・ライム（オーソン・ウェルズ）から仕事を手伝ってもらいたいという伝言で航空券を送られてウィーンにやってくるが、いざきてみるとハリー・ライムは数時間前に交通事故で死んだと言われる。

ホリーはその足でハリーの葬式に向かう。そこに国際警察のイギリスのキャロウェイ少佐（トレバー・ハワード）がいて、ハリーはペニシリンを水で薄めて売る重大な犯罪者だとホリーに言う。にわかに信じられないホリーは、葬式にきていた友人と称する人や、ハリーが住んでいたアパートの管理人たちに話を聞いてまわる。すると、どうも話が食い違うのである。

友人たちはハリーの交通事故の時にいた人間は二人だというが、窓から事故を見ていたアパートの管理人は三人いたと言う。つまり〝第三の男〟である。

実はその〝第三の男〟が死んだはずのハリー・ライムであり、そのハリー・ライムが映画に登場してくるあたりが、映画の展開としておもしろく、傑作と言われる所以だと思う。

問題は、ハリー・ライムとホリー・マーチンスが直接対決する遊園地の大観覧車の場面である。

ふたりが乗った観覧車は、ゆっくりと一番高いところに昇っていく。ハリー・ライムは突然、観覧車のボックスのドアを開ける。ホリー・マーチンスはハリー・ライムの殺意を感じて柱にしがみつく。開け放ったドアからはるか下の地上に人が動いているのが見える。

「見ろよ。あのちっぽけな点が止まることがそんなに気になるのか」

「俺を消すのは簡単だろうな」

「簡単よ、銃があればな。転落死なら銃の傷なんてわからないよ」

観覧車は次第に下がっていく。

「この世に人類を考えている奴なんて誰もいやしない。どこの政府も大衆や労働者をカモにしているが、俺が誰かを騙すのも同じじゃないか」

やがて観覧車は地上に近づいてくる。ハリー・ライムは次のように言うのである。

「イタリアはボルジア家のもとで、陰謀や暗殺が横行したが、ミケランジェロやダヴィンチを生

んだ。スイスは愛の国だ。うるわしい民主主義は何をもたらしたか。鳩時計だ。じゃあな」ハリー・ライムは鳩時計を「クック・オク・ロック」と言って、立ち去るのである。

なぜ、この映画が忘れられないのか。

おそらく、それはこの映画で、政治的ニヒリズムともいうべきものに、私が初めて遭遇したからだと思う。

この映画のなかで語られた民主主義否定、人間否定に反発しながら、その格好よさを楽しんでしまう自分にずっとひっかかってきたからだと思う。

人間社会とか歴史とかを考え始めていた高校生の頃の話である。

## 2. わが映画好きの原点

父親と一緒に観た反ナチ・反戦映画の衝撃

### 『無防備都市』ロベルト・ロッセリーニ監督（一九五〇年）

私はこの映画を中学生だった時、父親と一緒に観た。

映画館は神田南明座だったと思う。その頃、私たち一家は新宿区筑土八幡町に住んでいた。夕食のあと、父親が私を誘って神田まででかけたのだった。

映画は衝撃的なものであった。

戦争に反対して活動していた男がイタリアを占領していたドイツの秘密警察に捕らえられて、拷問の末に殺される。さらにその男を支援していた神父さえもが、子どもたちの目の前で銃殺されるという物語だったから、映画が終わった時、ちょっと立ち上がれないほどであった。

一緒に観ていた父親も衝撃を受けたらしく、神田から帰ってくる都電の中で、お互いに黙ったままだったことまで思いだす。

無防備都市というのは、第二次世界大戦の末期、ムッソリーニがすでに失脚していて、ナチス・ドイツがイタリアを支配していた頃のローマ市のことである。

第二次世界大戦を引き起したドイツ・イタリア・日本のファシズム体制の中で一番最初に崩壊したのはイタリアである。バドリオ将軍らのムッソリーニへのクーデターが起きたのが一九四三年の七月、日本の敗戦より二年も前のことである。

そのバドリオ政権がシシリー島に上陸した米英軍に降伏して、これまで同盟国であったドイツに対して宣戦布告したものの、たちまちドイツ軍にイタリア全土を占領されてしまう。

せっかくムッソリーニというファシズム政治が倒れたのに、今度は外国のファシズム政治の支配下に置かれることになって、当然のことだが国民の抵抗が高まる。

共産党・社会党などによる「国民解放委員会」が設立され、反ファッショ民族解放戦争が始まるのである。

この闘いは一九四五年四月の国民総蜂起によって、勝利するまで二年間続く。日本では東条内閣による神宮外苑での学徒出陣壮行大会が行なわれた頃から、小磯内閣を経て鈴木貫太郎内閣に至る期間である。

イタリアではその間、国内でパルチザン戦争が行なわれていた。映画はその時代のイタリア共産党を描いている。

戦争も末期でローマ市民は日常生活に苦しんでいる。日本の米騒動みたいにローマの主婦たちも実力でパン屋を襲撃してパンを強奪してくるが、警察官も取締まることができない。

一方、占領軍のナチスも敗色濃厚でピリピリしている。だから秘密警察ゲシュタポが、反ファシズム戦争の中心として活動している、イタリア共産党員を捕まえようと躍起になっている。党員がいるらしいアパートに軍隊を派遣し、建物ごと包囲して女性と子ども以外は連れ去ってしまう。パン屋からパンを強奪してきた元気のよい主婦のピーナ（アンナ・マニアーニ）は、夫がドイツ兵にトラックに乗せられて連行されていくのを追いかけて、射殺されてしまう。これは実際にあった事件がモデルになっているのだそうだが、アンナ・マニアーニの倒れ方など、まるでニュース映画の実写のような迫力がある。

私は父親と一緒に『無防備都市』を観た時には、イタリアの戦後史をくわしく知らなかった。

拷問で殺される主人公がイタリア共産党員であることもわからなかった。当時の字幕には、共産党員ではなく「共和主義者」となっていた。

「あれは共産党と訳すべきところをわざと間違えていたのだ」とは、後からある人から教わった。何十年かぶりでＤＶＤを観ると、ちゃんと共産党員となっていた。

イタリア共産党員マンフレディ（マルチェロ・パリエロ）が捕えられて拷問にかけられるが口を割らない。ゲシュタポの将校がきて言う。

「君は共産党員だ。君の党は反動勢力と協定を結んでいる。今は我々に対して共闘しているが、ローマが解放されたら、王党派の将軍たちは君らと手を切るだろうよ。今のうちに片づけたまえ。彼らの名を言いたまえ。彼らを逮捕させてくれれば君も君の仲間も安全を保障しよう。どうだね」

マンフレディは、つばを吐いてこれを拒否し、バーナーで焼き殺されて死ぬ。当時のイタリア反ファシズム戦争が、保守派の軍人を含む幅広い統一戦線ですすめられていたのだということがわかる。ゲシュタポの意図は、統一戦線に楔を打ちこんで分断を図ることにあったということもわかる。

しかし、中学生だった私には、そこまではわからない。唯、自らの命を犠牲にしてもナチスに反対し、信条を貫くということに初めて遭遇したのである。

マンフレディが殺害される現場に立ち会わされたドン・ピエロ神父（アルド・ファブリーツィ）は、凄まじい形相でゲシュタポに抗議する。

「身体は殺せても魂は殺せないぞ。畜生ども！　お前らは地獄に落ちるんだ」

そして、神父らしくつけ加える。

「神よ、悪いことを言ってしまいました。お許し下さい」

その神父も処刑される。

にわかに処刑場をつくるために椅子を地面に固定させる。その椅子に神父を座らせて、縛りつける。銃殺隊が号令の下に発砲するのだが、神父は死にきれない。そこで、ゲシュタポの将校が近寄ってくると、ピストルでとどめを刺す。神父の教会に通っている子どもたちがその一部始終を見ている。

そこで、映画が終わる。

私は、この映画に人生の深い所でずっと影響を受けてきたような気がする。人間には、そういう映画があるものである。

身に沁みたイタリアン・ネオ・リアリズム

## 『自転車泥棒』ビットリオ・デ・シーカ監督（一九四八年）

私は終戦の時は九歳であった。小学校三年生である。

私は四人兄弟の長男である。一番下の弟はまだ赤ん坊であった。

つまり両親は、子育て真っ最中の時に終戦を迎えたのである。これから世の中はどうなるのか、子どもたちを飢えさせないで育てることができるのか。どこの親たちも必死の思いであった。

私はその親の必死さを、それなりに感じることができる年齢になっていた。だからこの映画は、とても身につまされて観た覚えがある。

自分の家族のために職を失うまいと、盗まれた自転車を探しまわる父親の必死さが、状況はまるで違うが、なんとなく子どもだった私から見た、父親のかつての必死さに重なるからである。

映画は失業者アントニオ・リッチ（ランベルト・マジョリーニ）が職安で運よくポスター貼りの仕事を紹介されるところから始まる。

ただし、自転車を持っていることが条件である。だが、自転車は質屋に入っている。

話を聞いた妻のマリア（リアネーラ・カレル）は、早速自宅のベッドからシーツを剥がして洗い、その他の未使用のシーツを合わせて六枚のシーツにすると、質屋に持ちこみ金をつくる。代わりに自転車を質からだしてアントニオの出勤準備をすすめる。

どうやらこのポスター貼りは、役所の仕事らしいのだが、糊と刷毛、梯子といった道具だけでなく、つなぎの制服や制帽まで支給される。最初に仕事の手ほどきを受けて、次からは自分だけで貼るのである。

しかし、最初のポスターを夢中で貼っていると、停めておいた自転車を盗まれてしまう。気がついて追いかけるのだが、追いつけないで見失ってしまう。

翌日は日曜日であった。

日曜日にアントニオが六歳の息子ブルーノ（エンツォ・スタヨーラ）と二人でローマ市内を盗まれた自転車を探してまわることが映画の中身になっている。別に波乱に満ちたストーリーがあるわけではない。ただ、自転車を探すだけの映画なのである。

なぜこの映画がネオ・リアリズムの傑作として名高いのか。

それは終戦間もない頃の庶民の貧しさと、庶民の目から見たローマ市そのものが実にリアルに描かれている。そのうえで子育て中の男親の懸命さが深く人間像として描かれているからだと思う。

私が吃驚したのは、マリアとアントニオ夫婦がシーツを質に入れた後、質屋がその質草を倉庫に収納する場面である。天井までぎっしりとシーツが積まれていて、質屋の主は梯子を上って新しい質草を収納するのである。ローマ市民の暮らしをそういう形で映像化しているのである。

さて、アントニオとブルーノ親子は、日曜の朝早く盗品が出回る可能性が高い朝市などに行き自転車を探す。しかし見つからない。

アントニオには「金の無駄遣いだ」と批判されていたのに、マリアは藁にもすがる思いで、占い師に会いに行くが役にたたない。

歩き廻っているうちに犯人らしい青年を見かける。しかし、逃げられてしまう。その青年と話をしていた老人を追いかけて教会まで行くが、教会から抗議されたりしているうちに老人もいなくなる。またもや、犯人らしい青年と巡り会う。今度は青年の自宅まで追い詰めることができる。やはり貧しい家である。

青年は白を切る。ブルーノが警官を呼んできて調べてくれと頼む。恐るべき六歳児である。しかし、その青年が犯人であるという証拠はない。アントニオにしても追いかけた時、犯人が被っていた帽子が同じだというだけである。だから警官もどうしようもない。

万策尽きて親子が道路に座りこんでしまう画面がなんとも切ない。

そのあと、アントニオが迷ったあげく、道路に停めてあった自転車を盗んでしまう。しかし、たちまち失敗してしまう。追いかけられてアントニオは男たちに取り囲まれる。

六歳のブルーノが必死に父親をかばう。自転車の持ち主だった男は、そのブルーノを見て「警察沙汰にはしない」と言ってくれる。

親子は家に帰るために歩きだす。ブルーノが父親の手をつなぐ。アントニオは握り返すのだが、泣きそうになるのを懸命にこらえて歩いている。

ここで、映画は終わる。

赤裸々な人間像を社会のかかわりのなかで、オールロケで記録映画風に描いていくイタリアン・ネオ・リアリズムとの出会いは、私の映画好きを決定的にしたと思う。

そして、それらの映画が反戦・反貧困を共通のテーマとしていたことが、私に大きな影響を与えたことは言うまでもない。

## 3.「原爆許すまじ」の叫びとの出会い

市民と運動がつくった歴史的文化遺産

### 『ひろしま』関川秀雄監督（一九五三年）

私は『ひろしま』を高校生の時、学校行事として全生徒が参加する映画鑑賞会で観た。

一九五三年制作だから高校三年生の時である。翌朝、全校生徒が集まる朝礼の時、教員から「昨日はごくろうさまでした」という挨拶が行なわれたことを憶えている。

それはこの映画の最初のタイトルに企画製作、日本教職員組合となっていて、次のタイトルに協力・広島市・日本労働組合総評議会となっているように、日教組が自治体である広島市とナショナルセンターである総評と組んでつくった映画だからである。

しかし、映画ができた途端、政府の保安庁長官（今でいう防衛大臣）が日教組の政治活動を抑制すべきだと言ったり、文部大臣が教職員の政治活動を禁止すべきだと言ったりして、当初、上映に大乗気だった松竹が上映配給拒否をしたのである。

こうした政治的圧力に対抗し、私の学校の教職員分会が学校を動かして、全生徒の映画鑑賞会をやったのだから偉いと思う。ちなみに私が卒業した高校は都立赤城台高校（新宿区）という。

『ひろしま』は「原爆許すまじ」を文字どおり真正面から訴えた映画である。

まず第一、被爆直後の地獄絵図がど迫力である。設定として、中学生たちが戦争中の家屋疎開ということで、家屋取り壊し作業に動員されている。その作業中に原爆が投下されるということになっているのだが、そのため広島市内に巨大なオープンセットを組み立てて撮影したという。オープンセットに実際の市電が走っている町並みがつくられている。タイトルにわざわざ、協力広島電鉄とあるのだが、なるほどこのシーンのために広島電鉄が協力したのかと納得する。

被爆直後の修羅場シーンは百数十カットに及ぶが、必要な戦争中の服装や防毒マスクや鉄カブトなどは、みな広島市民が持ち寄ったものだという。

生徒たちと一緒に太田川に逃れて死んでいく先生の役は、月丘夢路が熱演している。当時、月丘夢路は大スターである。これを広島出身の女優だからと広島市が松竹に出演を承認させたとい

う。つまり、広島市あげての協力ということはこういうことなのである。

しかし、なんといっても圧巻なのは、延べ八万人に及ぶといわれたエキストラである広島市民の協力だ。それがこの映画の第一の迫力である。

被爆七周年を迎えて、爆心地に向かう平和大行進の全景シーンは、観ている自分もそこに参加しているかのような感じがある。これが実際に行なわれた集会のドキュメント映像を映画に利用したのではなく、あくまで映画撮影のために再現した市民エキストラによるものであることは、正面から撮ったり、クレーンから俯瞰で撮ったりしているカット割りでわかる。それがクレーンで撮っても延々と続く行進全体を捉えきれないほどなのである。

このシーンで原爆の悲惨を伝えるだけでなく、「許すまじ」というメッセージを伝えることに成功している。

映画『ひろしま』は、名画であるだけでなく「歴史的文化遺産」なのである。

今年（二〇二三年）の八月六日、広島市の平和記念式典で広島市長の松井一実氏が〝平和宣言〟で、「核抑止論は破綻している」と明確に述べた。

それも同じ会場に岸田首相がいる前でだ。今年七月に同じ広島で行なわれた主要七カ国首脳会議でまとめた「広島ビジョン」を批判しつつ「世界中の指導者は核抑止論は破綻していることを直視し……、具体的な取り組みを早急に始める必要があるのではないでしょうか」と述べたのである。

八月九日の長崎市での平和記念式典でも長崎市長の鈴木史朗氏が、同じようにG７の「広島ビジョン」を批判して「核抑止への依存からの脱却を決断すべきだ」と述べた。しかも広島市長も長崎市長も日本政府に要求することとして「一刻も早く核兵器禁止条約の締約国となり、核兵器廃絶に向けた議論の共通基盤の形成に尽力するために、まずは来年一一月に開催される第二回締約国会議にオブザーバー参加していただきたい」と、極めて具体的に述べたのである。ゆっくりとではあるが、歴史は前にすすみつつあるという実感を味わった。

ところで、岸田首相（当時）と言えば、「内閣総理大臣としてここに犠牲となられました方々の御霊に対して謹んで哀悼の誠を捧げます」と、来賓挨拶で言いながら、核兵器禁止条約にも核拡散条約の見直し会議にも一言も触れないのである。主催者の広島市に対しても、被爆者に対しても、式典参加者（広島の場合は五万人）に対してもまったく失礼な話ではないか。

実は私の住んでいる葛飾区では、毎年東京の被爆者団体である東友会が主催して「原爆被爆者慰霊のつどい」が行なわれる。

なぜ葛飾区で行なわれるのかというと、品川区の東海寺にあった被爆慰霊塔が都合によって葛飾区の青戸平和公園に移築されたためなのだが、このつどいに毎年小池都知事が出席するようになった。それまでは、都の幹部が知事の挨拶を代読するかたちだったが、なぜか小池都知事は出席して挨拶を述べるようになった。

それはいいのだが、ここでも広島における岸田首相と同じようなことになっているのである。つどいの主催者は被爆者団体である。だから主催者は開会にあたって、核兵器廃絶を熱をこめて訴える。具体的には核兵器禁止条約に日本は参加すべきだと訴えるのである。当然のことだ。

ところが、来賓の挨拶で小池都知事は「被爆者の皆さまの熱心な御活動に心から感謝申し上げます」などと言いながら、主催者が熱心に訴えている核兵器禁止条約については一言も触れない。

毎年、この原爆被爆者慰霊のつどいで来賓として挨拶するのは、小池都知事の他は都議会議長、葛飾区長なのだが、来賓が揃いも揃って主催者の訴えを無視するのである。

私は一参加者（葛飾区原水協理事）として座って聞いている。

「あなたたちは、自分の挨拶がどんな無礼なものになっているのか、わかっているのか」という気持を抑えながら聞いているのである。

## わが国最初の原爆反対のメッセージ
## 『原爆の子』新藤兼人監督（一九五二年）

『原爆の子』は『ひろしま』より一年前につくられた作品である。原爆被害を正面から描いたわが国最初の長編劇映画である。

それだけでも映画史上に残る名作だが「原爆許すまじ」という文言のなかでも「許すまじ」に厳しくメッセージが盛りこまれている。

今は広島市から離れた瀬戸内海の島で小学校の先生をしている石川先生（乙羽信子）が、夏休みに久しぶりに広島市に帰省した。その際、戦争中に幼稚園の教師をしていた時の同僚の家に泊めてもらうのだが、その同僚だった人と幼稚園時代のアルバムを広げながらの会話で、同僚だった女性が、「原子爆弾をもう一度つかうなんていうことがあってはならないわ」というところがある。

この映画がつくられた一九五二年は朝鮮戦争の最中で、アメリカが原爆をつかうという方針を巡ってマッカーサーとトルーマンが意見対立をしていたのである。

結局、マッカーサーが引退することで原爆はつかわれなかったのであるが、さりげないセリフにこめられた恐ろしいほどの切迫感があったのである。

『原爆の子』は『ひろしま』と比べると、よりドラマ仕立てになっている。しかし、製作費の関係で『ひろしま』のような大きなオープンセットが組めず、被爆後六年経った広島市そのものをオールロケションで撮影しているので、かえって貴重な記録作品にもなっている。

新藤兼人監督と吉村公三郎監督がつくった独立プロ、近代映画協会と劇団民芸が製作費をだしあって提携した作品なので、劇団民芸の俳優たちが総出演している。滝沢修、宇野重吉、清水将

夫、細川ちか子、北林谷栄、奈良岡朋子、斉藤美和、下元勉、山内明、小夜福子などである。

乙羽信子が演じている主人公、石川先生も被爆者である。二の腕にガラス片が入ったまま、触ると音がするという設定になっているのだが、映画では一種の狂言回しみたいな役割である。つまり幼稚園時代から六年経ち、教え子たちを訪ね、次々と被爆者たちの厳しい現実にぶつかるというストーリーになっているからである。

なかでも、かつて石川先生の家で使用人として働いていた岩吉爺さんが、顔にひどいケロイドがあり、目も見えなくなりつつある状態になり乞食となって街で暮らしている。岩吉爺さんは滝沢修が演じている。

名優である滝沢修が原爆に対する恨みを唸るようなセリフで熱演するので、強烈な「原爆許すまじ」のメッセージが伝わってくる。

新藤兼人は広島生まれ、広島育ちで『原爆の子』は上映のあてもなく、やむにやまれぬ思いでつくったと述べている。そして、その後も『第五福竜丸』をつくり『さくら隊散る』をつくった。反戦反原爆の執念を持ち続けた映画作家である。

私は自分の生涯を振り返って、新藤兼人監督にどれだけ励まされたことかと思う。

## 4.「反核・平和」への持続した志について

われわれは核の恐怖を忘れていないのか

### 『生きものの記録』黒澤明監督（一九五五年）

黒澤明監督の『生きものの記録』は一九五五年の東宝映画、昭和三〇年度芸術祭参加作品である。この映画がつくられた前年の一九五四年三月一日、アメリカのビキニ水爆実験が行なわれた。第五福竜丸が被災した。続いて一九五五年三月にはイギリスが水爆製造を発表した。同じ月にフランスが原爆製造を発表した。当時はすべて地上の核実験だったから、死の灰が世界中に流れて降り積もった。魚河岸に並べられたマグロから放射能が検出された。

同時に日本では、第一回の原水爆禁止世界大会が開かれ、続いて日本原水協が発足したのである。世界と日本のこうした状態の中で黒澤明が世に問うたのがこの映画なのである。

三船敏郎が町工場の社長として、度の強い眼鏡をかけた老人を演じている。

そして吠えるようにセリフを吐く。

「ヒトが死ぬのはやむを得ん。だが、殺されるのはいやだ！」

「わしは、原水爆、あんなものにムザムザと殺されてたまるか！」

剛速球が真ん中に入ってくるような迫力がある。

主人公の中島喜一（三船敏郎）は、従業員を二〇人近く抱えている鋳物工場の社長である。たたき上げで、仕入れる燃料のコークスの品質を一目見て値切るなど、経営者としてもやり手だ。そしてこういう人物にありがちな自己中心的で独断で物事をすすめていくワンマン社長である。その男が原水爆の正体を知り、恐怖を感じたことから、逃れるために工場をたたんでブラジルに移住することを決めてしまう。そのことで生じる悲喜劇が映画の内容である。

中島は家族全員でブラジルへ移住することを当然のことと考えているが、すでに成人している四人の子どもたち（佐田豊、千秋実、東郷晴子、青山京子）は大反対である。子どもたちは中島の妻（三好栄子）の名前で父親を準禁治産者（心神耗弱や浪費など）とするよう家庭裁判所に訴えを起こす。

中島には二人の妾がいるのだが、若い方の妾（根岸明美）との間にできた子どもはまだ赤ん坊である。

これら様々な人間たちが関わりあって、てんやわんやの騒動を演じる。

脚本は黒澤明に小国英雄、橋本忍。多数の登場人物を描き別けて見事である。

そして、各人のエゴをむきだして財産争いと原水爆に対する恐れや怒りが交錯して映画がすすむ。

家庭裁判所の判決は、中島を準禁治産者と認定する。

追い詰められた中島は、自分の工場に放火する。

に言う。

「こんな工場があるから、みんなブラジルに行きたがらないんだ」と、放火した理由を息子たち
するとゝ従業員たちが中島に向かって抗議する。

「俺たちはどうなるんだ。自分たちだけが原爆から逃げればすむのか」

ワンマン社長の中島は、この労働者の抗議が一番こたえる。火事場の水浸しの泥水の中に土下座して労働者たちに謝る。

やがて中島は発狂し、精神病院に入院させられる。「あの裁判は間違っていたんじゃないか」との思いを持っている家裁の調停員だった歯科医(志村喬)は、精神病院に入院した中島を見舞う。

病院の担当医(中村伸郎)はつぎのように言う。

「この患者を診ていると、正気でいる自分が不安になる。狂っているのは、あの患者なのか、こんな時世に正気でいられる我々の方がおかしいのか」

そして調停員が病室のベッドに座っている老人の中島に面会する。中島は地球を脱出して別の星にいると信じている。面接にきた調停員にこう言う。

「ところで、地球はどうなっていますか。人はまだ残っていますか。それはいかん。この星に逃げてこなくてはいかん」

そして格子が嵌まった病室から沈みゆく夕陽を見て「あ、地球が燃えている。あ、とうとう地球が燃えてしまった」

映画は病室からでてくる調停員（志村喬）と、見舞いにきた赤ん坊を背負った若い妾（根岸明美）が擦れ違うところで終わる。

しかしエンドマークの「終」という文字が消えても、しばらくの間音楽が流れる。原水爆から必死に逃れようとして、挙げ句に狂気になってしまった老人をどう考えるのか、他人ごとだと思わないでもらいたいという意味の音楽なのである。

作曲は早坂文雄。これが彼の遺作となっている。

二〇二三年八月一日、葛飾区原水爆禁止協議会の総会が行なわれ出席した。毎年、この時期に葛飾区から原水禁大会に参加する人たちの結団式を行なうのだが、それに先だって原水協の総会をやることが慣例となっている。

言ってはなんだが、かなり形式的な総会なのである。それでも第一号議案・運動方針、第二号議案・財政計画（決算と予算）、第三号議案・新役員選出とそれなりに整った総会なのである。

一号議案が終わって二号議案も終え、第三号議案となった。加盟団体からそれぞれ新役員の名前がでてくる。その中に私の名前もあった。もう何十年も続けている葛飾原水禁の代表理事のひとりという役目である。

私は言った。

「もう、私はそろそろいいんじゃないですか」

もう歳も歳だから、辞めさせてくれという意味である。すると事務局長の細谷正幸氏がすかさず言った。

「駄目です」

続けて言う。

「被爆者はいつも言います。私たちは死ぬまで被爆者をやめることはできないって。木村さんも核廃絶が実現したらやめてもいいですが、核兵器が廃絶されないうちは続けてください」

細谷氏は歳は私より下だが、区内の平和運動については、その中心役割を私よりも長く続けている。6日と9日を訴える6・9運動として、毎月必ず駅頭に立って署名を求める活動は、それこそ何十年と続けている人である。

文字どおり、おのれの人生をかけている。

私は恥じた。

私は、私ひとりくらいやめたところで、運動に実害はないだろうという程度で平和運動に加わっていることを見透かされたからである。私は改めて自分の日常生活の中からマンネリズムを克服して、核兵器の問題に取り組むことを反省させられたのである。

という訳で少しこじつけるようだが、庶民生活の目から核兵器の問題を描いた映画を見直してみたいと思ったのである。

風化する被爆者の苦しみに向き合う

## 『その夜は忘れない』吉村公三郎監督（一九六二年）

一九六二年の大映作品。昭和三七年度芸術祭参加作品である。若尾文子と田宮二郎が主演している。当時の看板スターの二人が熱演している。被爆一七年後の広島市が舞台となっている。

わが国は高度経済成長の真っ只中。広島の町並みもすっかり様相が変わっている。ビルが建ち並び、喧噪をきわめている。

そういうなか、原爆被害を週刊誌が特集を組もうと企画して、記者である加宮（田宮二郎）が広島にやってくる。暑い最中に市内を歩きまわっても、「原爆資料館と原爆ドームの他には何も残っていないいな」というぼやきがでてくる取材活動である。

手の指が六本ある赤ん坊を生んだ女性がいるというので、これを遺伝的な原爆後遺症として書こうとその女性を追うが、すでに赤ん坊は死亡している。女性の実家まで行くのだが会えず、その父親から怒鳴られて帰らざるを得ない有様である。

加宮は広島のテレビで働いている友人（川崎敬三）と一緒に広島球場のナイターを観にいったあと、誘われて立ち寄ったバーのマダムの秋子（若尾文子）と会う。それから映画は若尾と田宮の恋愛模様となるのだが、秋子はなぜか加宮の求愛を受け入れない。やがて、秋子は被爆者であり、加宮の愛を受け入れられない身体なのだと告白する。この場面が山場である。

夜の広島の街を二人で歩いている。加宮は秋子に想いを告げる。すると秋子が突然、道から階段を下りていくと、河原の石を拾う。拾ってきた石を加宮の手にのせる。

「握ってみて」

石はもろく崩れる。

「潮が満ちている時は、川の底でひっそりとしているけれど、潮が引くと現れる、被爆した石なのよ」

つまり、自分は被爆者で普段は何事もなく暮らしているが、いつ身体が崩れるかもわからないと暗示するのだが、加宮にはわからない。

そして、ついに秋子と連れこみ旅館に入る。秋子は意を決して着物を脱ぐ。そして身体のケロイドを加宮に見せる。やり手のバーのマダムとして、和服を鮮やかに着こなしている若尾文子が、覚悟を決めてケロイドを見せるシーンは息をのむ。

原爆体験の風化の問題と、被爆者自身の悲しみは沈殿していくという問題を、二大スターの悲恋物語として描いた印象深い映画である。

## 5. 戦争の記憶について

戦争前に若者たちは、なにをしていたのか
『江分利満氏の優雅な生活』岡本喜八監督（一九六三年）

私は一九五九年（昭和三四年）東京都の職員採用試験に受かって、葛飾区役所に配属された。職場配置は、区民税の滞納整理係で、住民税を滞納している家庭を訪問して税金を集めてくる仕事である。徴収員と呼ばれて毎日、区役所の自転車に乗って葛飾区内の担当地域をまわるのである。係員は一五名程度で、いわゆる窓際族の集まりである。

その中には軍隊から復員してきて区役所に就職した人もいて、その経験をひきずったまま、うまく官僚組織に乗れない人もいた。

ある時、Ｋさんが回覧書類の点検欄に、係長がまだ押印していないからハンコを押さないと、と主張して書類を回さないことがあった。「俺は海軍だったからね、偉い者の順序がきちんとしていないと気持が悪いんだ」と言った。そういう意味では「戦争体験」がまだ日常生活に当り前のように刻みこまれていた時代であった。

いまや、戦争体験も軍隊経験も直接、話をできる人はほとんどいなくなった。記憶は風化しつつある。その中で自民党の世襲政治家たちが、敵基地攻撃論などと言い「新たな戦後」を作ろうとうごめきだしている。
そこで、いわゆる反戦映画の名作は内外にたくさんあるが、戦後の日常生活の中で戦争の記憶を追求した映画について語りたい。

一九六三年（昭和三八年）の東宝作品、岡本喜八監督『江分利満氏の優雅な生活』、原作は山口瞳、シナリオ井手俊郎、主演は小林桂樹である。

わが国の高度経済成長が始まった頃、テレビや冷蔵庫やステレオが家庭に入り始めた頃を描いた映画である。

主人公の江分利満氏は、原作者の山口瞳氏がモデルであって、主演の小林桂樹は山口氏に似せて絶妙の好演である。江分利満は口笛が吹けない音痴、靴の紐を花結びにできない。要するに不器用な男なのである。

戦争の回想シーンで、入隊して銃の訓練を受けたが、江分利の銃の構え方を指導する兵隊から「おまえは片目がつぶれないのか」と蹴飛ばされるところがでてくるが、それほど不器用な人間である。

妻の夏子（新珠三千代）は時々、鶏のような痙攣発作を起す奇病をもっているし、ひとり息子の庄助は小児喘息を持っている。

映画はそのような家族の日常をユーモラスに描きながら、「宮本武蔵が偉いんじゃない。あいつは強かったからだ。何の取り柄もない者が一生懸命生きていくことが、偉いんだ」と、そのテーマを主張する。

江分利は父親（東野栄治郎）が戦前、戦争需要にのって工場を造り景気がよかった時もあり、戦後もまた、朝鮮戦争の特需でひと儲けした経験が忘れられずにいることについて、「いまでも戦争を待っている」と感じて、老いた父親にやさしくなれない。この老いた父親との諍いが、映画のストーリーの軸ともなっている。

やがて、その江分利の身辺を書いたものが直木賞を受賞することになる。

受賞を祝って江分利の職場で祝賀会が催されるのだが、江分利はその流れで酒が入り、二次会、三次会と続いていき、とうとう自宅に二人の同僚を引っ張りこんで明け方まで飲み明かしてしまう。

その間に江分利が延々とくだをまくところが、実はこの映画の見所なのである。

祝賀会の二次会あたりまでは女性社員もつきあってくれている。江分利には少し酒が入っている。ふと女性たちが飲んでいるのが目にとまる。

「君たちの飲んでいるのは何さ」

「カルピス」

「恥ずかしいね、なぜか。昭和の初めに威勢がよくて、ずっと威勢がよくて、戦争が終わってもまだ威勢がいい。それが恥ずかしいんだ。そうじゃないか」とからむ。

さらにはしご酒がすすむと、江分利は「神宮球場が恥ずかしい」と言いだすのである。さらに「昭和一二年の神宮球場、あれはなんだったのか」と、言い出すのである。六大学野球早慶戦の話のことだ。都の西北、早稲田の森に……、と歌いながら、「昭和一二年の大学生は、昭和一二年の日本に何をしていたのか。あのエネルギーはどこに行ったんだろうか。恥しいよ、情けないよ」と、神宮球場の学徒出陣式の記録映像がかぶさっていくのである。

祝賀会の流れはついに江分利の自宅になる。眠い目をこすりながら後輩社員の二人が、まだつきあっている。

すると、江分利が突然詩を朗唱し始める。

言うなかれ、君よ、わかれを
世の常を、また、生き死にを
海ばらのはるけき果てに
今や、はた何をか言わん
わが往くはバタビアの街
君はよく、バンドンを突け
この夕べ、相離るとも
かがやかし　南十字を

大木惇夫の戦時詩「戦友別盃の歌」だ。

黙々と雲は行き、雲はゆけると、最後まで泣きながら朗唱し、終わると江分利が叫ぶのである。

「美しい言葉で若者をだました、白髪の温厚な老人を許さんぞっ」

私は大木惇夫を知らないのだけれど、おそらく白髪の温厚な老人なのだろう。そして、江分利は立ち上って本棚から一冊の本を取りだして朗読し始める。フィリピンで戦死した陸軍兵が肌身につけていた遺品の手紙である。

「前略、ご免下さいませ。ただお様、その後、一向にお便りありませんのね……」

読んでいるうちに辛くなって江分利は、「おまえ読め」と後輩に言う。

「いや、読めません」と後輩社員たちが言うと、同席していた妻の夏子が「女の人の手紙ですから私が読みますね」と続きを読んでいく。

すると、画面に夏子にライトが絞られて、暗くなっていく。新珠三千代の心にしみる朗読である。

何時も貴方の便りがくると小踊りするくらいうれしかった。私、二度と拝見することができないのでしょうか。……二人が誓い合ったこの筆にも早やお別れを言う時が　来たのではないのでしょうか……。では、お身大切に夏子が読み終えると画面が明るくなる。

江分利も同席していた二人の社員もぐうぐう寝ている。

ちなみにこの手紙が載っている本は、岩波新書『戦後農民兵士の手紙』である。

この映画の祝賀会のくだりは原作にはない。あるはずがない。原作が直木賞を受賞したのだから。

原作の中にある材料を生かしながら、アクションもなく、事件もなく、ただ江分利満が酒を飲んでくだをまくだけで、迫力あるラストを展開させたのは、岡本喜八、井出俊郎、小林桂樹ら映画製作陣の力量である。

## 戦争の悲しみは伝わっているか
## 『本日休診』渋谷実監督（一九五二年）

「戦争の記憶」ということに関して、ラストシーンが忘れられない映画である。

渋谷実監督『本日休診』一九五二年（昭和二七年）松竹作品である。原作は井伏鱒二、脚本は斉藤良輔、主演は柳永二郎の言わば風俗喜劇映画である。

戦後間もない頃の話で、街の病院である三雲病院の職員慰安旅行を箱根あたりの温泉日帰り旅行とするために、職員一行はまだ朝暗いうちに出発しなければならなかった時代の話である。「本日休診」ということで、一人残った柳永二郎の「老先生」も昼寝でもしようと思っていたら、昼寝どころか次々と患者が現れるという話の映画である。

患者やその家族ということで出演しているのを私のような世代から見ると、夢のような豪華配役である。

鶴田浩二、淡島千景、角梨枝子、佐田啓二、三国連太郎、岸惠子である。みな若い。それに加えて、長岡輝子、田村秋子、望月優子、中村伸郎、十朱久雄、多々良純など、いずれも名優たちがでている。

映画はいきなり、三国連太郎が演じた、戦中は中尉であったらしい岡崎勇作の発作から始まる。戦時中の経験から気がおかしくなって軍隊時代の経験が突如、妄想となって見境なく行動してしまう復員兵なのである。

作中も部下を整列させて軍人勅諭を暗唱させる妄想に取りつかれているが、反応して吠えてくれるのは犬だけで、たまたま通りかかった人が行き過ぎようとすると「貴様！　こらあっ！」と、トラブルになってしまう。

これが三雲病院で働いているばあや（長岡輝子）のひとり息子で、ばあやが「治らないものですかね」と嘆くと、老先生は「まだ、生きて帰ってきたから私よりいいよ」と慰める。ここで老先生のひとり息子は、戦死したのだということがわかる。

映画はそのひとり息子の戦死をこんなやり方で観客に伝えるのである。

街のチンピラヤクザ、カキチ（鶴田浩二）が小指に麻酔注射をしてくれと、三雲病院にやってくる。一緒についてきた愛人おまち（淡島千景）に、小指を詰めることをやめさせてくれと頼まれて、老先生はカキチと問答になる。

「カキチ君、あんたはいくつだ」

「二四だよ」

「わしの倅も二四だったよ、指を切られた時は」

「やっぱり遊び人だったのかね」

「いいや、戦争だよ。ビルマの山奥で戦死したんだよ。戦友が小指を切って、焚火で骨にしてメンソレータムの缶に入れて送ってくれたんだよ。こうして入れ物を振ると、カラカラと音がするんだ」

老先生がカキチの耳元で缶を振る仕草をする。すると実際にカラカラという音がするのである。

「寂しい音だよ……、あんた御両親は？」

「田舎におふくろがいるよ」

「あんたも指を切ったら、骨にして田舎のおふくろさんに送ってやれよ」

カキチは結局、麻酔を射ってもらえず「もう一度、考えてみるよ」と帰っていく。「義理がた

たねえんだよ」と意気がっていたチンピラが、コミカルに動揺してしまうことを通じて、戦争の悲しみの深さを表現するのである。

映画はその後、いくつもの貧困と医療にかかわるエピソードを重ねながらすすみ、最後に入院していたカキチの愛人おまちが、手術費や入院費を心配し、無断で病院から貧乏長屋に帰ってしまう。三雲病院のスタッフが慌てて貧乏長屋に駆けつけているところへ、岡崎勇作「中尉」が飼っていた雁がいなくなったことを「航空兵が行方不明だ」と騒いでやってくる。柳永二郎の老先生が、ふと空を見上げると雁が編隊を組んで飛んでいる。

「中尉殿、航空兵であります。国に帰還したんだ。ほらごらん。父もいる、母もいる、兄弟もいる、しあわせな航空兵だ」

するると勇作中尉がいきなり、

「気をつけえーっ」

「それではこれより航空兵の内地帰還を見送る。カシラー・ナカッ」

三雲病院の看護婦(岸恵子)たちもあわてて長屋からでてきて、一同空を見上げて神妙に挙手の礼をする。

長屋の住民のひとり(田村秋子)が思いついて、クチ真似で送礼用らしいラッパを吹く。すると、本当のトランペットの音が映画にかぶさってくる。

勇作中尉の三国連太郎は、棒きれを軍刀代わりに不動の姿勢で送礼している。勇作の母、長岡輝子がたまらず三国連太郎勇作の脚に抱きついて泣き崩れる。田村秋子は、クチ真似ラッパを吹き続けている。三国連太郎は、本当に少年航空兵の内地帰還を信じているように笑みを浮べる。月夜に雁たちが整然と編隊を組んで飛んでいく。そこで映画が終わるのである。コミカルなドタバタ劇なのだが、最後はどうしても泣けてくるのである。

井伏鱒二は後年、原爆被害をテーマに『黒い雨』を書いた作家であるが、忘れてはならない国民的経験をさまざまな手法で作品化した。

『本日休診』は、すぐれた反戦映画のひとつだと思っている。

## 6. 八月一五日をどう描くのか

戦争反対を生きた女性の美しさ

### 『わが青春に悔いなし』黒澤明監督（一九四六年）

「八月は六日、九日、十五日」という句がある。作者を知らないが名句だと思う。

八月にこの三つの日が集中しているという日本の歴史的事実が、歳月が経つにつれて風化しやすい戦争の記憶を国中でよみがえらせたうえで、平和への誓いというか、決意のようなものを世代を超えてつないでいく。大事なことだ、と思う。

昭和二〇年八月一五日、私は九歳であった。国民学校三年生である。

あの天皇の放送を栃木県の学童疎開先のお寺で聴いた。

「天皇陛下の重大放送があるから、本堂脇きのラジオのある部室に集まるように」と先生に言われて、正午前には子どもたち全員がラジオの前に集まった。一年生も六年生も、きちんとラジオに向って正座して放送開始を待ったのである。

寮長をしていた男の先生が、

「天皇陛下がかしこくも直接お話し下さるのだから、皆、行儀よく聞くように」といった話があって、やがて放送が始まった。

天皇の放送は何を言っているのか、私にはさっぱりわからなかった。

しかし、皆、真剣に聴いている。ふと隣りを見ると、いっしょに疎開していた妹（ひとつ違いで二年生だった）が鼻水をたらしている。しばらくして、妹が鼻水をずずっーとすすりあげた。シーンと静まっているなか、大きく響きわたった。私は慌ててポケットをさぐると、日光東照宮に行ったときの説明チラシみたいなものがでてきたので、それをくしゃくしゃにもんで妹に渡した。

「おい、これで鼻水をかめ」

すると妹はそれを受け取って思いきって、ちーんとかんだ。

これがまた、ばかに大きく響いて、必死になって放送を聴いていた先生が顔をしかめた。

やがて天皇の放送が終り、先生が
「戦争が終った……。日本は負けたのです……」

子どもたちは皆、「ええーっ」と声をあげた。

私も「ええーっ」と声をあげたほうだったが、正直それがどういう意味をもつのか、あまりわからなかった。

しかし五年生、六年生たちの反応は、三年生以下の低学年とは明らかに違った。泣きわめいたのである。

そのうち、「放送の最中に鼻水をかんだ奴がいる」「そんなやつがいるから日本は負けたんだ」と言った男子がいて、攻撃の鉾先が私に向ってきたのである。

私は必死に逃げまわったが、とうとうお寺の近くを流れる農業用水路をかねた小川に突き落されてしまった。

私はずぶぬれになって泣きたいのを必死にこらえた。

それから二週間ほど経ったろうか。

復刊された『少年朝日』がお寺に届いた。一冊だけなので皆でまわし読みである。私は待ちどおしい思いだだ。

まっさきに読んだのは愛読していた連載漫画である。ところが、主人公の少年がそれまで戦っていた怪物たちと仲良く和解している。怪物たちもすっかり人相がよくなっている。そして連載は「終り」となっている。

その時、心から「ええーっ」となった。「戦争が終ったというのは、こういうことか」と思ったのである。作者はたしか松下伊知夫といった。いまから思うとこの時の「ええーっ」が私の思想的原点だと思う。

私の場合はあまりにも幼い八月一五日の体験であるが、大人たちが迎えた八月一五日はもっと深刻なものであったのは言うまでもない。

そのなかで、戦前から戦争反対を貫き、やがてファシズムが敗北することを確信していた人々の描く八月一五日は大きく、深くかつ美しいものがある。宮本百合子の『播州平野』の描写は有名だ。

「八月十五日の正午から午後一時まで日本じゅうが森閑として声をのんでいる間に、歴史はその巨大な頁を音もなくめくったのであった」

さて、映画はどうであろう。

私が思いだした映画は、黒澤明『わが青春に悔いなし』である。

この映画はあの侵略戦争とファシズムの時代に抗って生きようとした女性を主人公に据えて正面から戦前の時代を人間の生き方の問題として問う、という映画だったからである。しかも、その主人公が終戦を迎えて人生を再出発させるのである。あとにもさきにも、こういう真正面の映画は日本映画ではこれしかないと思う。

その映画が八月一五日をどう描いたか。

まず最初に長々と文字によるタイトルがでる。観客はいやでも読まなければならない仕組みである。それはこうなっている。

「満洲事変をきっかけとして軍閥・財閥・官僚は帝国主義の野望を強行するために国家の思想統一を目論み、彼等の侵略主義に反する一切の思想を〝赤〟なりとして弾圧した。『京大事件』もその一つであった。この映画は同事件に取材したものであるが、登場人物は凡《すべ》て作者の創造である」

映画には「昭和八年」の字幕がでて「京大事件」、すなわち京都大学の滝川幸辰教授が時の文部大臣である鳩山一郎によって追放されることに対し、学内あげて抵抗し、弾圧される事件が描かれる。

滝川教授自身は特に左翼的な立場にたった人ではなく、刑法の権威として知られ、また自由主義者として、「妻の姦通《かんつう》だけを罰して夫の姦通を罰しないのは公平ではない」という主張を持っていたことが「内乱をあおっている」と、難くせをつけられて大学を追放されるのである。

この滝川事件こそ、日本が侵略戦争に向かって学問の自由を失い、ファッショ体制に移っていく重大な歴史の分岐点だったことは、このあと美濃部達吉博士の天皇機関説問題での追放、東大の矢内原忠雄教授の退官、河合栄治郎教授追放と続いていったことでもわかる。

映画では滝川教授にあたる人物が「八木原教授」とされ大河内伝次郎が演じている。丹下左膳で売ったチャンバラ映画スターとは思えない落ち着いた貫録を見せて好演している。

八木原教授の自宅に出入りする学生たちのなかで、八木原教授のひとり娘である幸枝（原節子）と親しい学生が二人いて、ひとりは糸川（河野秋武）、もうひとりは野毛隆吉（藤田進）という。

糸川は母ひとり、子ひとりという境遇もあって学生運動から身をひいていくが、野毛は八木原教授追放とたたかうには侵略戦争とファシズムに反対する運動と結びつくべきだと主張して、左翼運動に飛びこんで行方不明となる。

つぎに「昭和十三年」と字幕がでると、糸川は無事、大学を卒業して検事になっている。野毛も左翼運動から転向して、中国問題について論文を雑誌に載せ、時の政府高官にも影響をもつ著名な評論家になっている。

こうなると、野毛隆吉はゾルゲ事件の尾崎秀実をモデルにしてつくられていることがわかる。実際には滝川事件とゾルゲ事件は何の関係もないのだが、映画は二つの歴史的事件をつなげる大胆なフィクションを設定していく。

なぜこんな無理な虚構を設定したのかというと、それは映画の主人公である八木原幸枝の生き方を描くためなのである。

黒澤明の著書に『蝦蟇の油――自伝のようなもの』がある。そのなかに、一九四五年八月一五日のことがでてくる。黒澤明は天皇の放送を聴くために撮影所に呼びだされる。その時、黒澤はつぎのような経験をする。

「往路、祖師谷から砧の撮影所まで行く商店街の様子はまさに一億玉砕を覚悟したあわただしい気配で、日本刀を持ちだしその鞘を払って抜身の刃をじっと眺めている商家の主人もいた。詔勅が終戦の宣言であると予想していた私はこの有様をみて、日本はどうなる事かと思った。

しかし、撮影所で終戦の詔勅を聞いて家に帰るその道は、まるで空気が一変し商店街の人々は祭りの前日のように浮々とした表情で立ち働いていた」

そして黒澤明はつぎのように考えるのである。

「これは日本人の性格の柔軟性なのか、それとも虚弱性なのか。私は少なくとも日本人の性格にはこの両面がある、と考えざるを得なかった。この両面は私のなかにもある。もし終戦の詔勅がなく、いやあれが一億玉砕を呼びかけるものであったらあの祖師谷の道の人たちはそれに従って死んだだろう。そして私おそらく私もそうしたであろう」

そして黒澤明はつぎのように考えをすすめるのである。

「私達日本人は自我を悪徳として、自我を捨てることを良識として教えられ、その教えに慣れてそれを疑うことすらしなかった。私はその自我を確立しないかぎり、自由主義も民主主義も無い、と思った」

「戦後の第一作である『わが青春に悔いなし』はその自我の問題をテーマにしている」

黒澤明が自らの戦時中の自分の生き方として「日本人は自我を悪徳として、自我を捨てることを良識として生きてきた」と述べているところが痛ましい。

戦中に映画監督になった人たち、黒澤にしても、木下恵介にしても、今井正にしても、あの戦争を肯定し、戦意高揚の映画をつくらされてきたのだから。

侵略戦争下のファシズム社会では「自分はどのように生きたいのか」と、自らの人生を考えること自体が許されなかった、これに慣れてしまったことの反省を戦後第一作にこめたところに黒澤明の偉さがあると思う。

さて、映画の主人公、原節子が演じる八木原幸枝は大学教授のひとり娘で、自宅にピアノがあり、生花も習い、タイプライターも習う。周囲には父親の教え子である男性たちがいて、ちやほやされ何不自由なく暮らしている。それでももっと生きがいのある人生をと悩んでいる。

幸枝は体制に順応する道を選んだ糸川（河野秋武）よりも、八木原教授追放問題はもっと政治的な闘いにしなければだめだと社会運動に飛びこんでいく野毛（藤田進）に惹かれる。

やがて幸枝は親元を離れて東京にでて自活するようになり、そこで糸川と再会する。糸川は検事になっていてすでに所帯をもっている。

糸川が、野毛が支那問題の権威として評論活動をしていることについて「あなたは野毛に会うのはおよしなさい。あの男の生き方は目がくらむ。絶壁のうえを歩いているようだ」と幸枝に忠告する。

しかし、幸枝は野毛に会いに行く。そして幸枝のほうから積極的に働きかけて野毛と所帯を持つ。その時の幸枝のセリフがこうである。

「東京での仕事は食べていくための仕事しかありません。もっときびしい責任が問われる、そういう仕事がほしい」

「貴方、秘密があるのね。私はそれがほしい」

しかし野毛は、

「われわれの仕事は一〇年後に真相がわかる。その時は日本人から感謝される」

というだけで秘密は明かさない。やがて野毛は捕り、警察の留置所で殺される。

幸枝も捕り、留置所にぶちこまれる。特高に取り調べられるが、さいわい幸枝は何も知らされていないから話すことがない。この時の特高役は志村喬が演じているが、憎たらしいことこのうえない演技で、さすが名優である。

映画は幸枝が釈放されて、野毛の遺骨をもって野毛の実家に行き、スパイの家として部落で孤立して暮らしている野毛の両親（杉村春子と高堂国典）と生活するところからが、この映画の見どころなのである。

家の入口は封鎖されて「スパイの家」と書かれている。父親は炉端に座りこんだままだし、母親は夜になって月明りで田んぼの作業にでるという状況になっている。お嬢さま育ちで鍬などもったこともない幸枝がこの状況に敢然と挑むのである。昼間から野良にでて、敵意に満ちた住民たちの視線を浴びながら鍬をもって田起しをするのである。美人スター原節子が野良着で鍬をふるい、ヤカンから直接クチをつけて水を飲むのだから迫力がある。

いまでこそトラクターがあり、耕運機があって農作業も様変わりしているが、ついこの間までの農作業がどんなに苛酷な労働だったのか、あらためて思い知らされるようなシーンが続くのである。それを杉村春子と原節子が演じる。それだけでも映画のクライマックスとして迫力充分。さらにドラマは二つの展開を盛りこむ。

ひとつは杉村春子と原節子が田植えまでさんざん苦労してなしとげたが、田んぼに村人たちが「スパイ入るべからず」「売国奴」などと書いた板のむしろを投げ入れて、めちゃめちゃに荒らしてしまう。

すると、それまでは炉端に座りこんでいた父親（高堂国典）がでてきて「この野郎、この野郎」と言いながらこれを取り払う。そして杉村と原が顔を見合わせて微笑む。これで幸枝が野毛の家の嫁として迎えられたことになるのである。

もうひとつは検事になった糸川が訪ねてくる。そして野良着で働いている幸枝を見て驚く。

糸川が言う。

「野毛は不幸にして道を誤った。しかし、何も貴女までこんな田舎に……」

「せっかくだから野毛の墓にお参りして帰りたい」

幸枝はこれに対して言うのである。

「およしなさい。野毛にしたって喜びはしない。あなたは野毛が道を誤ったと言うが、どっちの道が正しいか」

きっぱりと糸川の墓まいりを拒否するのである。静かなシーンだが、ここがクライマックスだ。そして字幕がでる。

「裁きの日——敗戦」「そして自由甦える日、昭和二十年八月十五日」

?!。あれっ!。字幕かあ。残念!。

ここまで描いたのなら、せめて杉村と原、高堂が農家で天皇放送を聞いているところなどあってもよかったのに。

映画は八木原教授が大学に復帰して演説しているところになってしまう。

やっぱり残念だぁ。

## 昭和天皇は平和主義者だったのか
## 『日本のいちばん長い日』岡本喜八監督（一九六七年）

これは一九四五年八月一五日そのものを描いた映画である。

正確には八月一四日正午の御前会議から、八月一五日正午の天皇放送までの一日間のドキュメントを劇場用のドラマ映画にしたものである。

終戦から二二年経った一九六七年（昭和四二年）に東宝創立三五周年記念としてつくられたオールスター映画である。この映画をつくるにあたって、東宝は監督に小林正樹を決定していた。『切腹』や『人間の条件』などを撮った監督である。

ところが、小林正樹はロケハンまで終えてから会社と衝突して降りてしまう。代りに起用されたのが岡本喜八である。

その岡本喜八もこの映画を苦しみながらつくったとみえて、この映画をつくった翌年に、あらためて反戦映画として『肉弾』（寺田農主演）を東宝を離れて自主製作している。

原作は大宅壮一となっているが、実際は半藤一利である。月刊誌『文芸春秋』が企画し、取材して、一九六五年に大宅壮一編として『日本のいちばん長い日』を発表したのだが、その時は半藤一利はその取材と執筆にあたった編集部次長であった。

その後、半藤はプロの物書きとして有名になるが『文芸春秋』が『日本のいちばん長い日』を発表してから実に三十年経った一九九五年になって、半藤一利は大宅壮一氏夫人の大宅昌さんの許可をもらって、あらためて半藤一利名儀の『日本のいちばん長い日』という本を出版するのである。

その際、半藤氏は三〇年前には書けなかった事実をつけ加えて本にしている。例えば、阿南陸軍大臣が切腹する時、「米内光政を切れ」と言いながら切腹したということなどである。終戦におよんでも、陸軍と海軍のどろどろした対立関係があったことを伺わせる話である。

しかし、映画はその前につくられた。もし、三〇年後の半藤一利の著作どおりにつくったら、阿南惟幾（三船敏郎）も米内光政（山村聡）もあんなにカッコよくなかったかもしれない。つまり、こうしたいきさつを知ると、この映画をつくった監督も作者もかなり複雑な思いを抱いていたのであろうと推察することができる。

映画評論家の双葉十三郎はその著書『日本映画ぼくの三〇〇本』（文春新書）でこの映画を「上出来の作品」と位置づけて、

「一九四五年八月十四日から十五日にかけて当時の国民が知らなかったところでいったい何が起きていたのか？……数えきれぬほどのオールスターを岡本監督が手ぎわよく捌き緊迫感たっぷりの展開を見せた」

と紹介しているが、はたしてそんな単純な映画と言えるのか。

村井淳志という人が、この映画のシナリオを書いた橋本忍について書いた『脚本家橋本忍の世界』（集英社新書）では、もっと踏みこんで賛美している。

「八月十五日を描いたそれ以前の映画（「黎明八月十五日」一九五二年東映、と「日本敗れず」（一九五四年新東宝）は『終戦は歴史の必然だった』『終戦は遅きに失した』という通俗的解釈そのままの図式で描いているため終戦手続きに意外性がなく、何のドラマも生じない。これに対し

『日本のいちばん長い日』は終戦映画では敵役である青年将校たちをそれなりの論理一貫性をもった真摯な存在として描写した。だから青年将校たちの破局も対峙する和平派の著しい困難もすべて生き生きと描くことに成功したのだ」

ここまで言われると、一寸待ってくれと言いたくなる。「終戦は遅きに失した」ことを「通俗的な解釈とはなにごとであるかと言いたくなる。

八月九日にポツダム宣言を受諾するかどうかの議論をしている閣議の最中に、長崎に二発目の原爆が落される。映画では長崎の被爆のドキュメンタリー映像が挿入されるのだが、一方で閣議の大臣連中は誰ひとり取りみだしたりしない、という皮肉な映画づくりを意識的に岡本監督はしている。「敵役である青年将校たちをそれなりの論理一貫性をもった真摯な存在として描写した」と村井淳志氏は書いているけれど、私は全く逆の印象をもって映画を観た。

終戦に抵抗して戦争を続けようと、天皇を人質にするために近衛師団長（島田正吾）を殺して近衛連隊を動かし、終戦告知の録音盤を奪おうとクーデターを策動した青年将校たち、陸軍省軍務課の椎崎中佐（中丸忠雄）や畑中少佐（黒沢年男）たちを「論理一貫性を持った真摯な存在」どころか、映画は少しの先の見通しもてない子どもじみた狂信者として描いている。それはクーデターが失敗したのち、椎崎中佐と畑中少佐がひとりは馬に乗り、もうひとりはサイドカーつきのオートバイに乗って宮域のまわりをビラをまきながら走り回り、最後にピストル自殺をするまでを執拗に描いていることでもわかる。

ましてや鈴木貫太郎首相（笠智衆）の私宅にまでおしかけて火を放った横浜警備隊の佐々木大尉（天本英世）や、終戦間際に特攻機を出動させた野中大佐（伊藤雄之助）、終戦になってからもなお、飛行命令をだした厚木基地の小薗大佐（田崎潤）などは、徹底的に戯画化されていて、演じている俳優が気の毒なくらいである。それらはあの戦争を起した者たちへの怒りを岡本監督も作者の半藤一利もかくしきれないからである。

問題はそうした題材をドキュメンタリーに徹するのではなく、劇場用のオールスター映画にしたことにある。

そのため昭和天皇は平和主義者として、鈴木貫太郎首相も阿南陸相も平和主義者として描くことになったのである。たしかに終戦日の一日だけを描けば、戦争を終らせようとしたのだから「平和主義者」に違いない。しかし戦争を始めたのも、戦争を続けさせたのも、長引かせたのもこの人たちなのである。

終戦の年の二月に近衛文磨が「敗戦は遺憾ながらもはや必至なりと存じ候」と上奏文を提出した時に昭和天皇が「もう一度、戦果をあげてからでないとなかなか話はむつかしいと思う」と言ったのは事実なのである。

四月に悲惨な沖縄戦があり、五月にヒトラーの自殺とムッソリーニの処刑があって、日本だけが戦争を継続する状況になり、七月にポツダム宣言がだされる。

しかし、鈴木貫太郎首相は記者会見で「ポツダム宣言無視」の発言をしてしまい、日本は広島・

長崎の原爆投下だけでなく、八月一五日の玉音放送が全国に流される前日まで、いたるところに空襲が行なわれ、犠牲者が増え続けていたのである。ポツダム宣言がだされた時にきちんと対応していれば、広島・長崎もソ連参戦もなかったことは明らかである。戦争を始めた責任もさることながら、戦争のやめ方も拙劣・最悪だったことの責任は問われなければならない。

そのことを不問にして、昭和天皇や鈴木首相や阿南陸相の苦労話しを美化する結果になったのがこの映画ではないのか。

映画は最後にこういう文字がでる。

「太平洋戦争に参加した一〇〇〇万人（日本男子の四分の一）。戦死者二〇〇万人、一般国民の死者一〇〇万人、計三〇〇万人。（五世帯に一人の割合で肉親を失う）家を焼かれ財産を失った人一五〇〇万人」

日本人死亡の七倍にあたるアジア人二〇〇〇万人の犠牲についてはタイトルにはでなかった。これも気になることではある。

「脚本家・橋本忍の世界」の村井淳志氏はこう書くとやはり「通俗的解釈」というのかしら。

# 7. 青春映画について

## 「戦争に負けて恋愛は悪いことから良いことに変りました」
## 『青い山脈』今井正監督（一九四九年）

「青春映画」というジャンルがある。なぜ「青春映画」というのか、その定義はよくわからない。かつて興行として盛んだった映画は、たいがい人気のある若い美男美女であるスターが主演して、恋をする話だったから、私が昔観た映画の大部分は「青春映画」だった。

わが国の「青春映画」の最もすぐれた名作のひとつは今井正監督の『青い山脈』だ。

原作は石坂洋次郎、脚本は井手俊郎、音楽は誰でも知っている主題歌を含めて服部良一である。

実は、私は一八から十九歳の頃、シナリオライターになりたいと思ったことがあった。そのため、シナリオ作家協会が主催したシナリオ教室に授業料を払って一回だけ出席した。その時、講師として話をしてくれた人が井手俊郎だった。

私は井手さんが『青い山脈』のシナリオを書いた人だと知っていたので、「あの映画は好かったですね」と話題にした。すると井手さんは、シナリオのことは話さず、「うむ、しっかりした思想を持った人がつくるといい映画になりますね」と、監督の今井正のことを称えたのである。

シナリオ教室は、次の回には生徒が自分で書いたものを持参してくるということになった。私

はなにかシナリオらしきものを書こうとして苦労したが書けなかった。したがって、シナリオ教室には二回目からは行かなかった。シナリオライターの夢は、はかなく消えたのである。

しかし、井手さんの「しっかりした思想を持った人がつくる映画」という言葉が強烈に私の中に残った。

この映画は一九四九年（昭和二四年）の東宝映画である。

「憲法はできたけれど社会はそんなに変わらないですよ」というセリフがでてくるから、映画に描かれている時代は一九四七年あたりだと思う。

女子生徒、新子（杉葉子）が旧制高校生の六助（池部良）と連れだって歩いているところを同じ女学校の生徒たちが見て、いじめ目的でニセ手紙を書いて呼びだそうとする。

新子から相談された担任の島崎先生（原節子）が解決しようと、授業に区切りをつけて、黒板に恋愛と書いて生徒たちに問いかける。

「みなさんは恋愛についてどう思いますか」

すると「ハイッ」と手を挙げた生徒のひとりがこう言う。

「昔は悪いことのように考えられていましたが、戦争に負けてからはいいことに変りました」

――戦争に負けてからというところが切ないが、リアルな時代感情の反映である。

もうひとつ、女学校の校医をしている独身の沼田医師（竜崎一郎）が、はりきりすぎている島崎先生に、さきの「憲法はできたけれど社会はそんなに変わらないですよ」のセリフの後に、

「私なんかそのうち持参金付の女房をもらって、綺麗な看護婦に手をだして家庭争議を起こして、段々腹がでてきたら市会議員になって……」

などと文字どおりバカな説得をしていたら、いきなり島崎先生にぴしゃりとビンタをされてしまう。

『青い山脈』は、そもそも男女の恋愛とはなにか、男性と女性が対等の人間としてつきあい、愛しあうということが社会の民主的な発展の基礎となるものだということを、正面からしかもおもしろく描いた映画という意味で「青春映画」の名作だと思うのである。

「俺は機関士になる」

## 『裸の太陽』家城巳代治監督（一九五八年）

先に「青春映画」の定義についてはよく知らないと書いたが、私なりの定義にもとづいて言えば、この映画がさしづめの「青春映画」らしい秀作だというべきか。

なぜなら、若者の初々しい恋が描かれているだけでなく、青年労働者としての労働の厳しさ、同僚はもとより仕事を教えてくれる先輩、人間関係をまとめてくれる上司なども描かれていて、若者が人間として成長していくことが主題となっているからである。

この映画は一九五八年（昭和三三）の東映作品である。

主人公の青年は国鉄労働者である。蒸気機関車のカマ焚きである。

蒸気機関車に石炭をくべ続ける労働者そのものが丁寧に描写されている。列車を動かす国鉄機関区の全体の動きが描かれ、なによりもそこで働く労働者の誇りが唄いあげられている。

主人公の若者、木村（江原真二郎）と恋人ゆき子（丘さとみ）のラブシーンのセリフはこうである。

「おれはカマ焚きで、そのうち機関士になるよ」

「それで終り？」

「そうだ。いけないのか」

このやりとりの後、二人は抱き合ってキスをするのである。国鉄労働者の誇りがラブシーンで描かれるのである。

この映画は国鉄労組の郡山機関区が全面協力したと言われる。したがって、映画には国労そのものはでてこないが、いたるところに国鉄労働者の実態がでてくる。

例えば、退職したベテラン機関士（東野英治郎）が自転車でアイスキャンディーを売りにくるシーンがあって、「定年退職五五じゃ、早すぎるんだよ」とぼやく。

定年が五五歳だった時代なのである。

私も一九五九年に就職してすぐに労働組合の役員をやったが、当時賃上げ闘争の要求の中に定年延長も掲げられていた。

監督の家城巳代治は、戦時中に松竹で監督デビューした人だが、戦後に松竹撮影所に労働組合ができた時の初代委員長になり、一九五〇（昭和二五年）にレッドパージされた人である。

その後、独立プロの運動の中で『雲流れる果てに』などをつくったが、一九五八年に東映と契約して、『裸の太陽』を撮影した。労働組合と提携して労働者を描くということに情熱を燃やした映画監督のひとりである。

企業の興行的映画で、現場の労働者を正面から描いたという点で記憶していい映画である。つけ加えると、この映画で山形勲、織田政雄、神田隆という三人のベテラン俳優が中間管理職役でワンシーンずつでてくる。

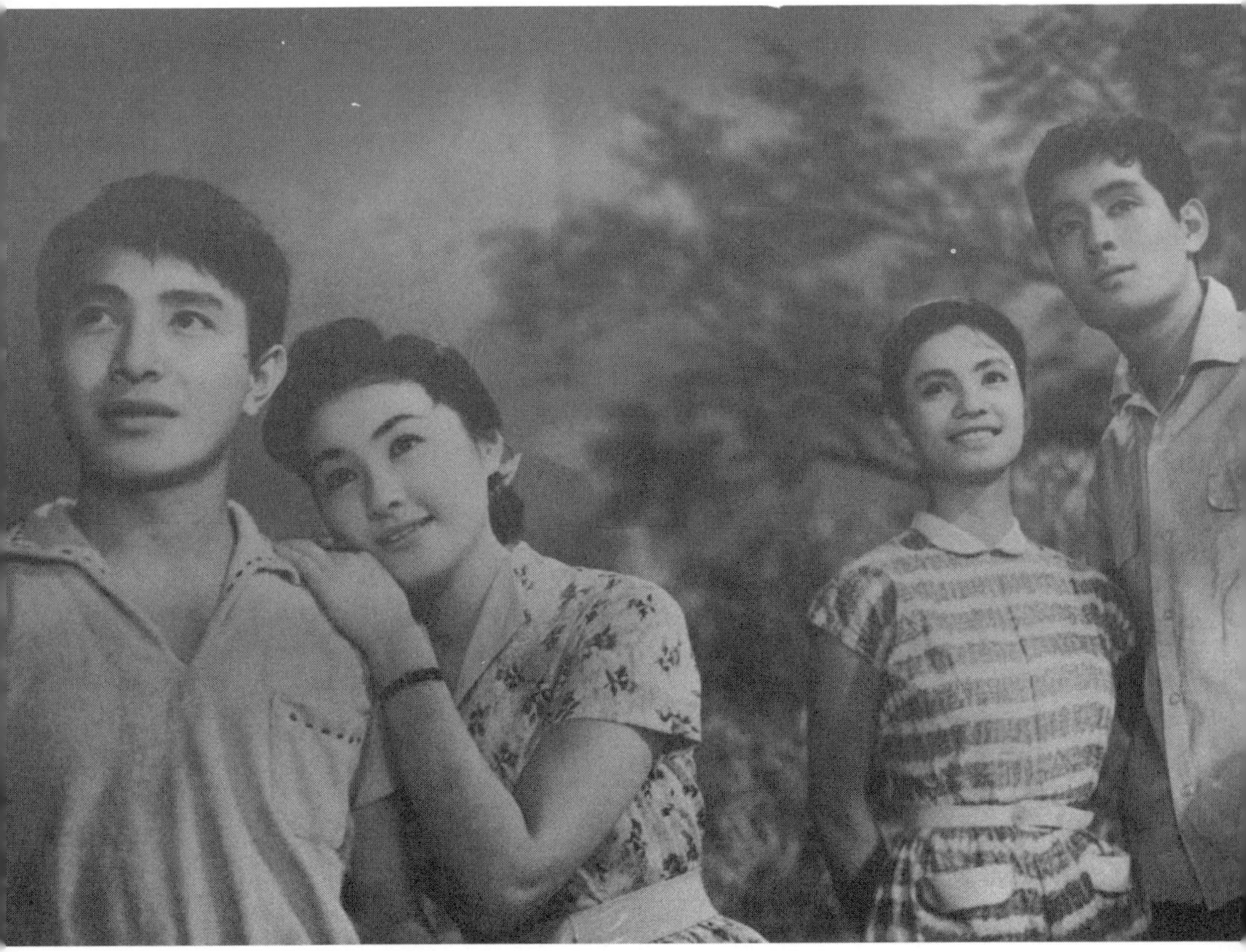

「裸の太陽」（1958）© 東映

山形勲は機関区の助役として、無断欠勤したカマ焚き（仲代達矢）が、このまま失態を続ければ馘首《かくしゅ》になりかねないことを心配して、同郷で仲のよい江原真二朗に公休を返上して代替乗務を命じるのである。部下たちの人間関係を熟知していて、強面でも人情機微を掴んだ「命令」なのである。

織田政雄は、機関区の現場から高い競争率を突破して「専門科」にすすむことになった若い労働者のために、機関区の労働者を集めて激励し万歳三唱の音頭をとる上司を演じている。

神田隆は、江原たちが乗務している列車が時間通りに到着しないことを心配する到着駅の助役を演じている。

かつては、公営企業として日本の運輸労働を担ってきた国鉄で働く人々。これらの全体像をプライドがにじみでるように描かれている映画としても貴重なものである。

# 8. 老後の人生について

## これまでの人生にけじめをつける
## 『晩菊』成瀬巳喜男監督（一九五四年）

私が若い頃は、人間五〇歳を過ぎると「としより」であった。

実際に私のまわりには七〇代、八〇代の人はほとんどいなかった。

いま、私の周りには七〇代、八〇代の人ばかりである。九〇歳を過ぎている人も珍しくない。

わが国はやがて世界でも稀にみる速度で高齢化社会に突入することになる、ということを知ったのは今から五〇年ほど前になるだろうか。

その時には「知識」としてそのことを学んだのであろうが、高齢化社会というものが実際どういうものであるのは、理解できていなかった。

それがいざ、本格的に高齢化社会になり、自分自身も高齢者となって、毎日そのすさまじさに実感を新たにしている。ようするに、若い時には自分が老人になるということは、結局わからないものだということになる。

成瀬巳喜男監督『晩菊』は一九五四年（昭和二九年）の東宝映画である。

私がこの映画を観たのは、高校生の頃だと思うが、私はこの映画を日本では珍しい〝老人映画〟

だと記憶していた。ところが、DVDで再見してみると〝老人映画〟ではなく、中年の女性たちの自分の老後について思い悩む姿を描いた映画だとわかった。

高校生だった私は、中年の女性たちを老人だと思っていたことになる。〝老人〟そのものを知らなかったのである。

原作は林芙美子、脚本は田中澄江、井手俊郎である。

杉村春子、沢村貞子、細川ちか子、望月優子が出演している。日本を代表する女優たちの競演だが、なんといっても杉村春子の好演が圧倒的である。

四人は若い頃、いずれも花柳界で働いていて、杉村と望月は元芸者、細川は元仲居だったという設定である。沢村貞子は亭主とふたりで飲屋をやっていて、望月優子と細川ちか子は共に旅館の清掃婦などで生計を立てているが、一軒の家の一階と二階に暮らしている。細川には息子（小泉博）、望月に娘（有馬稲子）がいる。息子や娘が就職やら結婚やらで独立しようとするので、親たちがひとりになる不安を抱えて悩んでいる。

杉村春子は金を貯めて一軒家に聴覚障害者の若い女性を女中として住まわせ、金貸し業を営んでいる。

まだ一万円札がない、高額紙幣と言えば千円札だった頃で、客（加東大介）に二〇万円を渡す時の札束の厚さが百科事典ぐらいになっていた時代である。

ある時、きん（杉村春子）のもとに芸者時代に惚れていた田部（上原謙）が訪ねてくるという手紙が届く。きんは舞い上がってしまう。

そして田部の写真を取りだして眺めるのである。写真は軍装をして軍刀を持った男の写真である。

「背がすらりと高くて、眉毛が濃くて、口元がきりっとしまっているの」

耳の聴こえない女中に説明していて、気がついて「あんたに話をしてもわからないわね」などという始末である。

その田部は、きんが銭湯に行っている間に訪ねてくる。銭湯から帰ってきて田部がきていることがわかってからのきんの行動にはびっくりさせられる。

まず、冷蔵庫から氷を取りだして、キリでぶっかくのである。電気冷蔵庫がまだない時代なのだから、冷蔵庫の中にはいつも大きな氷が入っていたのである。ぶっかいた氷をタオルでくるんで湯上がりの火照った顔に押し当てて冷やす。そして、化粧を始める。

隣の部屋で、待たされていた田部が襖を開けて覗く。

「あっ、いや！」

きんは、少女のような声をあげる。

「女には、女の支度があるんですもの」と、田部を部屋に押し戻す。

このあたり、かつて惚れていた男と再会した女のほとばしるような喜びを杉村春子の演技によって表現されている。

やがて「お待たせしました」と、きんが田部の前に座り、宴会が始まる。田部は持参したウィスキーを取りだす。

「久しぶりに君の酔った姿を見たくてね」

助平な下心を丸だしにして、きんの手を握る。

「柴又の川甚に行って、鰻を食ったけ。もう一度行こうか」

などと誘う。

きんはかつて芸者時代のお座敷よろしく三味線を持ちだして、田部をもてなす。

田部は酔って「たまにはゆっくり寝たいよ。金の心配をしないでね」と、愚痴をこぼし始める。

そこにナレーションが入る。

――復員してから連絡もなかったのに、この人はなんできたのかしら。

すると田部が言う。

「四〇万円都合してくれないかな。うんと利息をつけるんだけど」

画面に酔った田部にきんのナレーションがかぶる。

――フン、やっぱり金が目当てできたんじゃないの。あぁ、みっともない。うっかり酔ってなんかいられないわね。

「店を担保においてもだめ?」

などと粘る田部が、トイレに立った隙にきんは、田部の写真を火鉢にかざしてマッチを擦り燃

1954東宝

やしてしまう。

トイレから戻ってきた田部が「くさいね。なにを燃やしているの」と聞くと、きんは平然として「煙草の吸い殻よ」と答える。

人は老後の人生を迎えるにあたって、それまでのおのれの人生のある部分について、けじめをつけなければならない場合が多いのではないか。

『晩菊』は、けじめのつけ方を惚れていた男の写真を燃やすということで艶っぽく表現した。高校生だった私、そんなに深くわかっていたとは思えないが、杉村春子の演技に圧倒されていたことは記憶に残っている。

人生のけじめに失敗することもある
## 『旅路の果て』ジュリアン・デュヴィヴィエ監督（一九三九年）

この映画は私が〝老人ホーム〟というものを観た最初の映画である。

芸術家の俳優たちだけで集まって生活する施設の話は、しばらく前にテレビで放映されたドラマで、倉本聰が書いて、石坂浩二や浅丘ルリ子、加賀まりこらが出演していた『やすらぎの郷』

があったが、それを観た時すぐに『旅路の果て』を思いだした。倉本聰も恐らくこの映画をヒントに書いたのではないだろうか。

こういう老人ホームが実際に存在しているのかどうかは知らないが、映画ではホームが経営難になって、経営者が入居者たちの移転先を探すことになり、フランス国内の各地の公設老人ホームを斡旋する場面がでてくる。

そうすると、入居者たちが口々に「あんなところに移されたらワインが飲めなくなる」「ピアノが弾けなくなる」と不満を述べる。

それにしても『旅路の果て』は、一九三九年につくられた映画だ。今から八三年も前の作品である。あらためて彼我の老人施設・社会保障の歴史の差の大きさを考えさせられる。

東京ではいまだに、特別養護老人ホームの入所待ちは一年や二年は当たり前である。入所順位の仕組みは点数制になっていて、寝たきりに近い介護度5にならないと、優先にならない。「ワインが飲める」どころの話ではないのだ。

ところで『旅路の果て』は『晩菊』と違い、老後に向かってけじめをつけ損なった話である。俳優をやっていた頃の自分の人生が忘れられなくて発狂したり、自殺したりする話である。

若い頃、この映画を観た時には、「色恋は求める人にしかこない」などと、うそぶく女たらしのルイ・ジューベが、ついに発狂するに至る演技がすごく、以来ルイ・ジューヴのファンになった映画として記憶に残っていた。

再見してみると、代役専門でほら吹きだった大根役者が、老人ホームの経営再建のためホーム入所者たちによる芝居を新聞社後援でやることになった時、無理やり主役を奪い取ったものの、いざ幕が開くとセリフがでてこないで失敗して自殺してしまうシモーヌ・シモンの方がリアルで哀しい。シモーヌ・シモンもルイ・ジューベに劣らぬ名優であることを確認した次第である。

## 9.「赤狩り」とハリウッドのたたかい

アメリカ議会の「赤狩り」を容赦なく描いた

### 『真実の瞬間《とき》』アーウィン・ウィンクラー監督（一九九一年）

「反共は戦争前夜の声である」と喝破したのは、かつての京都府知事、蜷川虎三氏であった。この蜷川氏の名言はいまも生きている。

安倍政権が集団的自衛権を容認して、専守防衛の自衛隊の建前を投げ捨て、アメリカの戦争に加わるための海外派兵が可能になった「戦争法」つまり安倍法制に反対するという一点で、野党共闘ができた。

野党共闘が現実に政治を変える統一戦線になろうとすると、いろいろな撹乱が起り、民主党がなくなり、希望の党が現われ、これもすぐに消えて立憲民主党と国民民主党が生まれた。

それでも野党共闘が迎えた国政選挙は三回に及び、三回目の選挙は二〇二一年の総選挙であった。この選挙は「政権交替」がテーマとなったのである。

すると、今度は「共産党」と組んで政権をつくるのか、「立憲民主党じゃくなくて立憲共産党と呼ぶぞ」という猛烈な反共攻撃が行なわれた。そのことが原因となっていま、野党共闘は難しい局面を迎えている。

しかし、その間に自民党政権は岸田政権となり、安倍政権が法的に海外派兵を可能にしたことを、実際に政治的にすすめようと大軍拡路線、つまり五年間で四三兆円の軍事費拡大政治を行なっているのである。まさに「反共は戦争前夜の声」なのである。

権力者は追いつめられると、自分に敵対する相手に対し「お前はアカだ」とやるのが常套手段である。追いつめられていなくても、権力者が自分の思う方向に事を運ぼうとするときに使うのが「反共攻撃」なのである。

それは個人の思想・信条の自由を侵し、生活手段を奪い、人間関係を破壊する反民主主義を本質とする最も悪質な攻撃であることは言うまでもない。この攻撃をアメリカ政府が映画関係者に向けて行なったのが、アメリカ議会下院の非米活動委員会の聴聞会であった。

それはアメリカという国の世界戦略の一環として、とてつもない大きな政治的意図のもとに行なわれたものであった。当時のアメリカの世界戦略とは何か。

それは西欧諸国における覇権をイギリスに代ってアメリカがうちたてることである。そのためには西欧諸国における共産党の影響を根こそぎ排除し、始まった東西冷戦の時代で有利な地歩を固めるために、反共包囲網をつくりあげようとしたのである。

なぜ映画関係者が狙われたのか。それは言うまでもなく、アメリカ映画の世界の人々への影響力が圧倒的に大きかったからである。映画会社はこの国の方針に屈服して、共産党員であろうと思われる名簿をつくり、政府に提供した。政府はその名簿にもとずいて国会に証人の喚問を行なうのである。そして国会で行なわれる聴聞会は、権力をかさにきた国会議員がひどく粗野で品のない質問を浴びせるのである。


アーウィン・ウィンクラー監督の「真実の瞬間《とき》」はこの非米活動委員会による〝赤狩り〟を真正面から描いた映画である。

映画はまず、次のような字幕がでて始まる。

「一九四七年、米国下院の非米活動委員会はハリウッドに〝赤狩り〟の手を伸ばした。

委員会に協力を拒否する者は告訴され、実刑判決を言渡された。最高裁は彼らの上訴を取り上げようとしなかった。

また、委員会の公開・非公開の席に喚問され、証言を求められた者は、共産党と思われる友人・知人の名前を挙げぬ限り、仕事に就くことができなかった」

アーウィン・ウィンクラーという人は、もともとは映画監督ではなく、プロデューサーでシルベスター・スタローンの「ロッキー」などをつくった人だそうだが、その彼がこの映画は自分で脚本を書き、監督をしてつくったものという。「どうしてもつくりたい」というウィンクラーの気迫が感じられる作品である。

少し映画好きなら知っている有名な映画製作者、ダリル・F・ザナックをザナックと実名のまま登場させ（もちろん役者が演じているのだが）自分が製作した映画の試写を見ながら映画の出来映えに注文をつけるため、その映画の監督であるハワード・ホークスの実名をだして「ハワードを呼べ」などというシーンがでてくる。

こういう描写をちりばめることによって、ウィンクラーはこの映画に描かれている非米活動委員会のひどさは、決して大げさなフィクションではなく、リアルなドキュメントなんですよ、と言いたい訳である。

巧みな映画づくりだが、大胆なやり方である。

ストーリーは気鋭の新進映画監督であるデヴィット・メリル（ロバート・デ・ニーロ）が、ザナックに呼ばれて新作をつくるために、フランスから帰国するところから始まる。

メリル作品をつくるスタッフたちが帰国歓迎パーティを開くが、その時すでにスタッフのひとりであるラリーが非米活動委員会の非公開聴聞会で追いつめられて、第二次世界大戦中に行なわれたロシア救済の集会に参加した者の名前を「共産党のシンパ」として言わされてしまっている。そのなかに監督のデヴィット・メリルもシナリオライターのバニー・バクスターも入っている。

そのためデヴィットもバニーも非米活動委員会に召喚されることになるが、映画製作者のザナックはデヴィットに「弁護士に会え」と指示する。

デヴィットが指示された弁護士に会ってみると、弁護士は「非米活動委員会で、集会に参加していた者の名前を言え」と言う。

デヴィットは弁護士のやり方を拒否する。

するとニ十世紀フォックス社は、デヴィットとの映画製作の約束をほごにするのである。デヴィットが打ち合せのために撮影所に行くと守衛に入口で阻止されてしまう。失業である。

食うために三流プロダクションの西部劇の演出を引き受けて、演出のための絵コンテなどを書いて現場に復帰しようとするが、非米活動委員会の召喚に応じないでいることがわかって、ここでも解雇されてしまう。

仕方なく、映画製作の現場をあきらめて映画機材を扱う店の機材修理士として働き始めるが、そこにＦＢＩの刑事が二人きて、デヴィットを雇った店主にいやがらせの質問をする。結局、デヴィットはここもやめざるを得なくなる。

一方、非米活動委員会に屈服したラリー・ノーランは自分の持っている書籍（そのなかには「トム・ソーヤの冒険」とか「不思議の国のアリス」などまで入っている）を庭で焼き、妻で俳優のドロシー・ノーランと別れる。そのためドロシーは酒びたりとなり、俳優としての仕事もままならず、自動車事故を起して死んでしまう。

また、脚本家のバニーも一人で非公開の委員会に出向いて追いつめられてしまう。バニーはデヴィットの家にきて「集会にでた友人の名前を言え、と言われたらお互いの名前をだしあって裏切りごっこをしよう」と提案する。

これをデヴィットは断る。

すっかり追いつめられたデヴィット・メリルの前にザナックが再び登場する。一見、リベラルなように見えるが、したたかな実業家としてのザナックである。

彼はデヴィットにシナリオを渡して、

「撮影に入るまで六週間ある。さっさと召喚に応じて面倒を片づけてしまえ。弁護士はワシントンで待機している」

というのである。

デヴィットが渡されたシナリオを読むと、よくできていて内容もある。「やりたい」と思う。そしてついに非米活動委員会に出席することにするのである。

この映画はアメリカの議会下院の非米活動委員会の公開聴聞会のやりとりそのものがヤマ場なのである。

「あなたは共産党員か」

「ノー」

「入党したことがあるのか」

「ノー」

「一九三九年の共産党の集会に参加したか」

「あれは全くの合法的集会で、新しい思想を話し合う集りだと聞いたから二・三回出席したのだ」

「そのあと、なぜ出席しなくなったのか」

「追いだされたのです。議論を吹きかけすぎたので」

ここで会場から笑いが起るが、質問はここからが厳しくなる。

「集会が行なわれたのは誰の家か」

ここでディヴィットは弁護士と相談していいかと聞く。どうぞと言われたので、隣りにいる弁護士と相談しようとすると、弁護士はいきなりデヴィットに言う。

「名前を言いにきたんだろ？　奴らに逆らってもだめだ。八ツ裂きにされるだけだぞ」

デヴィットは言う。

「クソ喰え！」

すると弁護士が言う。

「議長！　私は依頼人から解雇されたので退場します！」

ザナックが依頼していた弁護士は、その正体を明らかにしてさっさと退場していくのである。

「もう一度訪ねる。それらの集会は誰の家で行なわれたのか」

今度はデヴィットも腹をくくって答える。

「自分に関すること以外は、答えは拒否します！」

すると議員たちが今度はデヴィットが写っている集会の写真を見せて、

「これは原爆を武器として使うことに反対を表明した集会だね」

と聞く。それは一九四六年にカリフォルニア工科大学で行なわれた原子科学者集会の写真なのである。

デヴィットはこれは認めて、

「原爆の無条件廃止運動です」

と答える。

「ハリウッドの平和協議会の代表として参加したのか」

「そうです」

すると議員たちは「ハリウッドの平和協議会の連中はうるさく原爆禁止を叫んでいるが、実はソ連のために時間を稼ぎ、彼らの原爆完成を待っているのだ」というフーバーＦＢＩ長官の言葉をひいて、

「ハリウッド平和協議会の活動は共産党の破壊工作だったのではないか」

「破壊活動を目にしたら私は警察に届けますよ」

「それをいま、届けるのだ。集会に参加した者の名前を言え」

「自分の事は何でも答えるが、他人のことは答えを拒否します」

「答えなければ議会侮辱罪で送検するが、それでもいいのかね」


反共攻撃〝赤狩り〟は単に共産党員を弾圧するためのものではなく、政府に異論を唱える広範な平和運動・民主運動そのものを抑圧するためのものだという真実がここで描かれるのである。ごうをにやした国会議員たちの質問は次第にエスカレートしていき、デヴィットの妻で小学校の教師をしているルースは党員か、自動車事故死したドロシー・ノーランは党員かなどと聞く。

デヴィットは怒りに燃える。

「ドロシーはあんたたちが殺したんだよ。故人に対して恥を知れ！」

そして最後に言うのである。

「模範的市民とはいかないが、俺は自分の信念のために立ち上り、それを貫く人間だ。それが米国人でなければこの国は滅びる！」

映画は次の証人として脚本家バニーが、

「いかなる処分をうけても証言は拒否します」

と早々に宣言する声にだぶってデヴィットが、妻ルース（アネット・ベニング）と手をつないで退場していく姿に次の字幕がでて終る。

「ハリウッドのブラックリストに載せられて多くの人々の人生とキャリアが破滅した。

メリル夫妻のような立場をとった者は懲役刑を受け、生活の糧を失い、二〇年近く苦難を強いられた。信念のために過酷な犠牲を払った彼らが、汚名をそそぎ社会に復帰したのは一九七〇年になってからのことである」

非米活動委員会そのものを描いた映画は、あとにもさきにもこの一本だけである。

ダリル・F・ザナックのような資本家を実名をあげて登場させ、そのザナックの資本家としての狡猾・冷酷な姿を描いたのもすごいが、こういう映画に主演男優賞のオスカーを何回も受賞したロバート・デ・ニーロが主演しているのもすごい。しかもさすがに名演なのである。

## 抵抗のひとつの頂点
## 『ローマの休日』ウィリアム・ワイラー監督（一九五三年）

映画『真実の瞬間』に描かれた時点より話は少しさかのぼる。一九四七年一〇月に非米活動委員会の第一回証人喚問が行なわれた時点での、これを迎え撃つハリウッド映画人たちのたたかいには、今日も学ぶべきものがたくさんあると思う。

共産党員らしいとリストにあげられた一〇人がまず委員会に呼ばれたのだが、呼ばれた人たちはあらかじめ意思統一をしていたのである。

「あなたは共産党員か」

「かつて党員だったか」

という質問に対して一〇人が一〇人とも、

「そういう質問自身がアメリカの憲法に違反する」

と答えて、用意してきた声明文を読みあげたのである。

「非米活動委員会こそアメリカ憲法をふみにじるものであって裁かれるべきは君たちである」

この一〇人はシナリオライターが7人、映画監督が二人、プロデューサーが一人という内訳だったのだが、一〇人とも議会侮辱罪として告訴され、一九五〇年まで裁判闘争を行なう。

結局、最高裁が議会侮辱罪を認め、一〇人とも罰金つきの実刑判決を受け投獄されてしまう。

この一〇人は「ハリウッド・テン」と呼ばれ、自由と民主主義を守る映画人のシンボルのように称えられるのである。

もっとも、一〇人のうち一人だけ途中で挫折して転向したのが映画監督のエドワード・ドミトリクで、この人はその後、再び非米活動委員会に出席して、今度はつぎつぎと友人たちの名前をあげて裏切る。しかし、残りの九人はそれぞれがんばり通すのである。

もうひとつ重要なのは、ブラックリストに載せられていないハリウッドの有名なスターたちが「ハリウッド・テン」を支援するために「憲法第一修正条項委員会」を立ち上げて、ハリウッドから非米活動委員会が行なわれているワシントンまで駆けつける。そして議会傍聴をするなどの活動を展開した。忙しいスターたちだから、議会傍聴も飛行機をチャーターしたのである。

メンバーは、監督ではウィリアム・ワイラー、ジョン・ヒューストンなど。俳優ではジュディガーランド、ダニー・ケイ、ハンフリー・ボガート、キャサリン・ヘップバーン、ローレン・バコールなどである。

ハンフリー・ボガートは朝鮮戦争が始まると「共産党にだまされた」などの声明をだして委員会から抜けてしまう。しかし、彼の妻であるローレン・バコールは最後まで活動を続けた。こちらもドラマ満載なのである。

なぜ「第一修正条項委員会」なのかというと、アメリカの憲法というのはつくられた当初、国民の権利にかかわる条項がなかった。その後、修正して国民の権利条項を加えたのだが、その第一修正条項が言論・出版の自由だからである。

さて、「ハリウッド・テン」の人たちの実刑は長くて一年だからやがて出獄してくる。しかし、映画の仕事からは締めだされたままである。エドワード・ドミトリクは転向したので、その後、『ケイン号の叛乱』や『ワーロック』などの大作の監督をすることができた。

しかし、もうひとりの監督、ハーバート・ビーバーマンは復帰できない。彼は独立プロをつくり、労働組合と提携して『地の塩』という映画をつくる。これがアメリカ最初の労働者自主映画となる。

「ハリウッド・テン」のなかで最もしたたかな活動をしたのが、シナリオライターのドルトン・トランボであろう。彼は追放されてから三〇本以上のシナリオを変名で書いたのである。しかもその大部分が映画史上に残る名作シナリオなのである。

有名な事件はロバート・リッチという変名で書いた『黒い牡牛』という作品がアカデミー賞のオリジナル・ストーリー賞を受賞することになり、式典でいくら名前を呼んでも受賞者が現れないのでオスカーを渡せず、ロバート・リッチというのは何者だと騒がせたことである。

というわけで、非米活動委員会の〝赤狩り〟とのたたかいから生れた映画はたくさんある。先にあげたビーバーマンの『地の塩』もそうだし、トランボが自分で書いた小説を自分で映画化した『ジョニーは戦場に行った』もそうである。

「ハリウッド・テン」のメンバーではないが、その後に非米活動委員会に呼ばれた脚本家カール・フォアマンが、その時の自分の経験を活かしてシナリオを書きなおしたと言われる西部劇『真昼の決闘』（ゲーリー・クーパー主演）もそうである。

いろいろ悩んだが私は、ウィリアム・ワイラー監督『ローマの休日』こそ、ハリウッドが〝赤狩り〟とたたかってつくりあげた最高傑作ということにしたい。

なぜか。

それは監督のウィリアム・ワイラーは「第一修正条項委員会」をたちあげた中心人物であったし、脚本は「ハリウッド・テン」のドルトン・トランボだからである。つまり「ハリウッド・テン」と「第一修正条項委員会」とが合体してつくった映画だからである。

ドルトン・トランボは本名で書くことができないので、友人のイアン・フレミングの名前を借りて書いている。だから映画のタイトルではストーリー（原作）ドルトン・トランボとなっている。

この映画は御存知のとおり世界中で大ヒットとなり、オードリー・ヘップバーンという新しいスターを生みだしたことで知られる。映画史上に残る名作なのである。

ストーリー自体はたわいもないおとぎ話なのだけれど、オードリー・ヘップバーンの変化を見ているだけで何回観ても飽きない。

最初はストレスがたまっているわがままな王女、これが市井にでて、長い髪の毛をカットして、人生で初めて煙草を吸い、初めて男性と恋におち、最後は王位継承者として覚悟を決めて威厳ある王女になる。

オードリー・ヘップバーンがこの変化を見事に演じて、一躍世界のスターになったのである。

このことひとつとっても、ワイラーの演出力、トランボの創作力、そしてオードリーの素質、

この三者が一体とならなければ生れることがない映画である。

ただ、私はこの映画が国家権力というものを茶化し、からかっていることに注目したい。王女が突然いなくなってあわてた国家が、〝王女は急病になった〟と関係各方面にとりつくろい、秘密警察を本国から急遽呼びよせて捜索にあたらせるのだが、その秘密警察をまったくの役立たずのように描き、ダンスパーティでローマ庶民に迷惑をかけたうえ、庶民から反撃されて海のなかへ突き落されるのである。

非米活動委員会に苦しめられたウィリアム・ワイラー監督と脚本家ドルトン・トランボがここを楽しみながら映画をつくっていることがよくわかるのである。ウィリアム・ワイラーと、ドルトン・トランボが反動勢力をだし抜いて、世界中に愛される映画をつくったということを強調したいのである。

## 10. 日本映画とレッド・パージ

### 炭鉱労働者が三三円ずつ出し合ってつくった
### 『女ひとり大地を行く』亀井文夫監督(一九五三年)

アメリカの映画界における〝赤狩り〟反共攻撃は、非米活動委員会という国会下院を舞台につかった国家権力ぐるみの攻撃であったことに特徴があった。

ところが、日本映画に対する〝赤狩り〟反共攻撃は国家権力どころか、外国権力すなわちアメリカ占領軍による命令で有無を言わせず行なわれたのである。

新藤兼人に『追放者たち』(岩波書店、一九八三年)という著作がある。映画界のレッドパージに関する資料を集めた貴重な本である。

そのなかにカメラマン黒田清己が昭和二五年(一九五〇年)九月二五日に勤めていた大映本社の人事課から送られてきた内容証明書留が載っている。それはこういう内容である。

「通告

連合軍最高司令官ダグラス・マッカーサー元帥の昭和二五年五月三日以降再三発せられたる声明並に書簡の精神と意図に徴し、且つ最近映画演劇企業経営者に与えられた関係御当局の重大示唆に基き、我社は映画企業の重要性と公共性に鑑み日本の安定に対する公然たる破壊者たる共産主義者及びその同調者に対し、企業防衛の見地により之を解職するに方針を決定した。依って昭和二五年九月二五日限り貴殿に対し退社を命ずる。

右　通告する　」

アメリカの非米活動委員会の聴聞会のように「お前は党員か」とか「知っている党員の名前を言え」とかいうまだるっこしい質問はない。文字どおりの問答無用である。

それもエラそうに「マッカーサー元帥と関係御当局の重大示唆」を武器につかって、「退社を命ずる」のであった。

パージは松竹六六名、大映三〇名、東宝一三名、日映二五名、理研三名であった。

解雇通知はみな同一文面であったという。

松竹の映画監督だった家城己代治は『花のおもかげ』という映画を完成したばかりだった。その完成試写が会社で行なわれるというので出席しようとしたら、会社は門を閉ざして家城を入れなかった。家城監督は「自分の作品の試写なのだから試写室に入れてくれ」と言ったが、会社は「クビにしたんだから所内には入れない」と、入れなかったという。『真実の瞬間』でロバート・デ・ニーロが二〇世紀フォックスの撮影所に入れなかったシーンがあったが、それと同じことが日本でも行なわれていたのである。

パージされた人数が松竹六六名に比べて、東宝一三名と少ないように感じられるが、これはその二年前に行なわれた東宝争議が関係している。

東宝における第三次争議は一九四八年四月、会社が一二〇〇名を余剰人員としてクビ切りを発表したことから始まった。一二〇〇名のなかには東宝の砧撮影所の二七〇名も含まれていて、組合側は撮影所にバリケードをつくって占拠して抵抗したのである。

会社側は東京地裁に撮影所の明け渡しを求める仮処分を申請し、八月に地裁が仮処分の決定を下すと、その執行のために武装警官が二〇〇〇名動員されたのである。そして、なんとそれに加えて占領軍である米軍第八軍が将兵一個中隊、戦車七台、装甲車六台を出動させ、空には米軍の軍用機三機が舞ったのである。「こなかったのは軍艦だけ」という言葉が残っている大争議である。

結局、この争議は組合幹部の共産党員が、自発的に退職するということを条件に覚書を交わして終ったのであるが、そのなかに山本薩夫や亀井文夫が含まれていたのである。

亀井文夫には『たたかう映画――ドキュメンタリストの昭和史』（岩波新書、一九八九年）という著作があるが、そのなかには「暴力では文化は破壊されない」と書いた大きなプラスターを持って米軍戦車の前に立ちはだかっている亀井文夫の写真が載っている。

つまり山本薩夫も亀井文夫も、一斉のレッドパージの二年前に占領軍のパージを受けていたのである。

問題はこのあとの日本映画人たちのたたかいである。

アメリカの場合はたたかった「ハリウッド・テン」、これを応援した「憲法修正条項委員会」も、非米活動委員会のやり方は憲法に違反するものという、民主主義擁護のたたかいを展開した。それはいまでも私たちが学ぶべきものであると思う。

しかし、「ハリウッド・テン」が労働運動と結びついてつくった映画は、ビーバーマン監督の『地の塩』だけである。

それに比べると日本の映画人たちは、パージを機会に「独立プロ」運動という、映画づくりそのものの運動をたちあげるのである。そして日本映画の新しい潮流をつくりあげるのである。

レッドパージは一九五〇年秋のことだが、その翌々年の一九五二年には『箱根風雲録』（山本薩夫監督）、『真空地帯』（山本薩夫監督）、『山びこ学校』（今井正監督）がつくられる。一九五三年には『女ひとり大地を行く』（亀井文夫監督）、『雲ながるる果てに』（家城巳代治監督）、『にごりえ』（今井正監督）、『蟹工船』（山村聰監督）、『混血児』（関川秀雄監督）、『君に捧げし命なりせば』（若杉光夫監督）、『ひろしま』（関川秀雄監督）、などと続くのである。いずれも意欲作であり、そのうちのかなりの作品が日本映画史に残る名作なのである。

私は当時、『山びこ学校』は新宿の地球座で観たが立ち見であった。『蟹工船』は池袋の人世座で観たが、これも立ち見。お客さんがいっぱいで、客から途中で映画にかけ声があがって熱気があった。

レッドパージにはされなかったが、企業から離れて自由な創作活動を目指すとして、新藤兼人と吉村公三郎が「近代映画協会」という独立プロをたちあげたが、それらの映画づくりにもレッドパージや東宝争議で会社を追われた映画人たちがかけつけて仕事をした。

この時の映画人たちのたたかいと経験が、その後の日本映画の良心的な、自主的な映画製作の流れをつくって、今日に生きていると思う。そのなかでも、亀井文夫監督『女ひとり大地を行く』は、こうした流れのなかから生れた典型的な作品と言えよう。

この映画は、炭労北海道本部が組合員ひとり三三円ずつ資金を提供してつくられた。ひとり三三円というのがいかにもリアル感がある。

そして、当時の大スターであった山田五十鈴が初めて汚れ役として主演し、実際に夕張炭鉱の炭住に寝泊りしてつくった映画なのである。

その時の山田五十鈴の日記が残っているが、泊っている炭住で地元の人たちと話し合い、手ぬぐいのかぶり方や、スコップの握り方まで教わって「一本の映画に出演し、一つの役を演ずることで自分自身の生き方、考え方が変っていくような体験」をしたと述べている。

監督の亀井文夫は戦前、『戦ふ兵隊』という長編記録映画を陸軍省後援で企画製作をしたが、完成と同時に公開禁止となり、その後に治安維持法にひっかけられてぶちこまれた人である。

中国での戦争をリアルに撮りすぎて「戦ふ兵隊」どころか「疲れた兵隊」じゃないか、というのが陸軍省の怒りだったのである。

『女ひとり大地を行く』でも亀井文夫自身が著書『たたかう映画』のなかで言っているのだが「北海道炭鉱労働組合から金を借りて、貸してくれた組合の幹部をつるしあげるような映画をつくっ

てしまった」のである。実はそこのところが、この映画の一番おもしろいところであり、ヤマ場なのであるが。

朝鮮戦争が始まり、日本は戦争特需になり石炭はいくらあっても足りないという情勢が生れ、炭鉱の現場では労働強化がすすむ。

そうしたなかで、会社側の労務係と現場の労働者との間でトラブルが多発する。やかましいことを言う労務係を現場の労働者がぶんなぐってしまうのである。すると翌日、ぶんなぐった五人の労働者は、会社から入坑を差し止められてしまう。すると、これを聞いた炭鉱労働者たちが、坑内に入るために乗っていたトロッコから、ひとり、またひとりと降りて、五人の労働者に連帯して自然発生的なストライキになってしまうのである。

ここで登場するのが炭労の組合幹部たちで

なんとかおさめようと話し合いをもつのだが、人々は組合の説得に応じないで無期限ストに突入してしまう。つまり、労働組合の幹部がまったく面子をつぶされるようなかたちで映画が終るのである。ここがいかにも亀井文夫らしく、また会社からも労働組合からも見放されて追放されたレッドパージ組らしい映画なのである。

映画のストーリーはかなり荒唐無けいなメロドラマであり、とてもリアリズム映画とは言えない。映画がつくられたのが一九五三年。朝鮮戦争のまっただなか。中国と北朝鮮が「社会主義」国となったばかりの時である。あれらの国々が働く者の希望として、なんの疑問もなく受けとめられていた時代である。

いまでは誰も歌わなくなった『民族独立行動隊』のメロディが、労働者が隊列を組んで行進するシーンで流されたり、ラストで若いカップルとして内藤武敏と岸旗江が炭坑のズリ山の上で歌うのが「若者よ、体をきたえておけ」なのである。

懐しいというよりも、時代の変遷の大きさ、映画がつくられた時代の制約性といったことを映像として味わうことができる興味深い映画ではある。

レッドパージされたが、娯楽を追及した
## 『沓掛時次郎《くつかけときじろう》・遊侠一匹《ゆうきょういっぴき》』加藤泰監督（一九六六年）

レッドパージを論じている項目で、なんでこの映画なのかといぶかしく思うだろうが、実は監督の加藤泰はレッドパージされたひとりなのである。加藤泰は共産党員ではない。組合活動家でもなかった。なぜパージされたのか。会社によく文句をいう人だったからである。

レッドパージの時、加藤泰は大映の助監督だったのだが、新藤兼人の『追放者たち』によれば、加藤泰は映画の仕上げが迫って追いこみになった時にも、撮影条件のことで製作部と衝突したり、会社に外部から監督を入れると「なぜ大映には監督になれない古い助監督がたくさんいるのに外部から人を入れるんだ」と会社に文句を言ったりする人であったそうだ。

つまり会社にとっては煙ったい人物だったのである。だから「この際……」というわけでパージされたのである。

加藤泰のエライところは、他のレッドパージ組とは思想的にも政治的にも立場が違うし、「どういう映画をつくりたいのか」という映画づくりに対する考え方も違うにもかかわらず、レッドパージ組の人たちとも仲よくつきあって、いっしょに劇団をつくったり、シナリオを書いたりして映画への復帰を探っていったことである。

そしてついに新東宝から声がかかり、東映からも声がかけられる。新東宝で『忍術児雷也』を、東映で『恋染浪人』をつくるのである。

つまり、娯楽映画づくりを追及していくのである。独自の考えを堅持しつつ、映画への復帰を果すのである。

『沓掛時次郎・遊侠一匹』は加藤泰の代表作で、日本の時代劇映画のなかでも名作のひとつと言ってもよいと思う。

パージから一六年たった一九六六年の東映作品である。原作は長谷川伸。加藤泰は長谷川伸の『瞼の母』もこの作品の四年前につくっている。主演はいずれも中村錦之助。どちらもいわゆる股旅ものである。

「股旅」とはいわゆるやくざで一定の住いを持たないで旅から旅へ渡り歩いて暮らす男のことで、一時的に身を寄せる親分のところに入るときに、自己紹介として啖呵を切るのが一種の美学になっている。『男はつらいよ』の寅さんが「手前・生国と発しますのは葛飾・柴又……」とやるあれである。

沓掛時次郎というのは、生れが信州沓掛だから沓掛時次郎なのである。

実はこの映画、腕のよい股旅やくざが、悪い親分をこらしめるという単純な活劇ではない。叙情味あふれる恋愛映画なのである。しかも、その愛をつらぬくために主人公は刀を捨てて自己変革することで終る映画なのである。このあたりが映画を愛するあまり、ついひとこと多かったカツドウ屋がレッドパージにまきこまれながらも、苦労して違う映画会社に入り、次第に娯楽映画の名匠と言われるようになる。やがて藤純子の『緋牡丹博徒』シリーズで一世を風靡するにいたる加藤泰の作品だと思うと、なんとなく味わいが深くなるからおもしろい。

沓掛時次郎（中村錦之助）は、いわゆる一宿一飯の仁義から何の恨みもない六ツ田の三蔵（東千代之介）を斬る。ところが、時次郎は斬られた三蔵が息をひきとる前に、女房おきぬ（池内淳子）と男の子を親戚のおじさんのところまで連れて行くように頼まれてしまう。

相手のたたかい方が立派だったこともあり時次郎もその頼みを引き受けてしまう。そしてそのおじさんのところへ連れて行くと、そのおじさんはすでに亡くなっている。そこから仕方なく三人で旅をすることになってしまう。旅をするうちに時次郎はおきぬに惚れていく。おきぬも時次郎を好きになってしまう。しかし、許されぬ恋である。だからお互いに最後まで、丁寧な言葉をつかって旅をする。

おきぬはひとりになった時に、持ち歩いている三蔵の位牌の前で「三蔵さん、私はこの頃お前さんに手を合わせるのがつらいんだよ。悪い女だねえ」とつぶやいたりするのである。

時次郎は時次郎で、三蔵が持っていたおきぬの櫛を返さずに、ひそかにふところに入れて、肌身につけているありさまである。

やがておきぬが労咳（結核）にかかっていることがわかる。旅は続けられなくなる。時次郎は日雇いなどをしておきぬたちを支えるが暮らしはきびしい。春になっておきぬの身体が少し回復したところで、おきぬと男の子は時次郎の前から姿を消す。一年たち、また冬がきてある宿場で時次郎とおきぬは再会する。おきぬは三味線を抱えて雪の宿場の町を、信濃追分けを歌いながら門付けをして歩いていたのである。時次郎に出会って男の子は無邪気に喜ぶが、おきぬはその場に倒れてしまう。まっ白い雪の上におきぬの吐いた鮮血が飛び散る。労咳はなおっていなかったのである。

時次郎はおきぬの労咳を治すために薬代を稼ぐ決意をする。土地のやくざ一家の助っ人になって喧嘩出入りに加わって十両の金を手に入れる。壮絶な斬り合いのあとでやっと宿に帰ってくるが、おきぬはすでに死んでいたのである。おきぬが死ぬ前に、看病してくれている宿屋のおかみ（清川虹子）に「紅をとってください」と頼む。子どもに鏡を持たせておきぬは指でくちびるにうっすらと紅をさす。

「あの人が帰ってきたときに、きれいな顔でいたいのです」

ここがなんとも泣かせる場面である。

評論家の川本三郎に『時代劇ここにあり』（平凡社、二〇〇五年）という本があって、そこにおきぬを演じた池内淳子についてこう書いている。

「池内淳子が大人の女の美しさを見せる。労咳を病んでいて、そのやつれが寂しい美しさを際立たせる。映画ではあまり作品に恵まれなかった池内淳子にとってこの作品は代表作になっている」

「沓掛時次郎　遊侠一匹」（1966）© 東映

同感である。

渥美清が時次郎の弟分、身延の朝吉という役ででていて、鮮やかで珍妙な啖呵をきるのだが、ひょっとして山田洋次監督がこれをみて、のちのフーテンの寅をつくったのではあるまいか。映画の主題歌はフランク永井である。

あくまで娯楽映画の本道を行く、レッドパージの加藤泰の作品なのである。

## 11. 我が国の民主主義を拓いた今井正監督と山本薩夫監督

### 「おっかさん! まだ最高裁があるんだっ!」
### 『真昼の暗黒』今井正監督(一九五六年)

一九五〇年のマッカーサーによるレッドパージと、それに先立つ東宝争議などによって、映画界から共産党員を排除する反共攻撃の嵐が吹き荒れたあと、逆に排除された映画人を中心にして〝独立プロ運動〟ともいうべき新たな映画づくり運動が生れた。

しかも、そこでつくりだされた映画が、日本映画史上に残る名作となったということはすでに述べた。

　そうした運動のなかで中心的な役割を担ったのが山本薩夫監督と今井正監督であることは衆目の一致するところであろう。私はこの二人がわが国の民主主義の前進に大きな役割を果したという点について述べたいと思う。

　というのは二人とも無実の罪に苦しめられる人々、いわゆる冤罪事件を映画化することに情熱を注いだからである。

　なかでも「八海事件」（映画では三原事件となっているが）を描いた一九五六年公開の『真昼の暗黒』は有名なラストシーンで主人公が面会にきた母親の後姿に向かって「おっかさん！　まだ最高裁があるんだ！」と叫ぶ。これでもわかるように、この事件の裁判中につくられた映画である。映画にモデルとして登場する四人の労働者は死刑または、一五年から一二年の実刑判決を受けて収監されていたのである。ところが、この映画が発表されると、日本国内の映画イベントの賞を総なめにすることになった。

〈キネマ旬報〉の年間ベストテン一位で、日本映画監督賞。〈毎日映画コンクール〉で日本映画賞、脚本賞、監督賞、音楽賞。〈ブルーリボン賞〉でベストテン一位、作品賞、脚本賞、監督賞、音楽賞。といった具合である。

　つまり、映画好きの人々がこぞってを支持したのである。それだけこの映画に迫力と説得性があったということであろう。

それにしても裁判が進行中なのに、これは冤罪であって被告たちは無罪だという明確な結論を主張する映画をつくることは、なんという大胆なことであろうか。

事件が起きたのは一九五一年、映画がつくられたのが一九五六年、最終的に最高裁で無罪が確定したのが一九六八年なのである。二回の差し戻し判決があるから、最高裁だけでも三回も裁判が行なわれて、一七年もかかっている。映画がつくられたのは一七年間続いた裁判のまだ初期の段階でのことである。

映画は最初、東映系の映画館で上映されることになっていたが、最高裁から東映に「係争中の裁判を題材にした映画の公開は好ましくない」と圧力がかかって、東映は系列の映画館での上映を断念させられた。製作の山田典吾と監督の今井正も最高裁に呼びだされて、映画製作を断念するように言われたのである。

山田典吾と今井正はその圧力をはねのけて映画製作を続けたのである。今井正はこれでもし被告が有罪ということになったら、二度とメガホンはとらないと決意したという。

原作は正木ひろしの『裁判官』となっているのだが、脚本の橋本忍は直接裁判記録を読みこんで、橋本忍と山田典吾と今井正の三人が、被告たちが集合した地点から、犯行が行なわれた被害者宅までをストップウォッチを手にして歩いたりしたうえでシナリオを書いた。シナリオができた時点で橋本忍が、山田と今井に「これは『疑わしきは罰せず』なんてことじゃなくて、はっきりと無罪という線で行きたい」と述べて、山田も今井も同意したものである。

このへんは村井淳志『脚本家・橋本忍の世界』（二〇〇五年集英社新書）からの引用である。そのなかで橋本忍がこう言っている。

「調書は読みづらかったけれど、あまりにも面白かったんだ。犯人に仕立てていく仕方が手もなく調書にでているんだよね。つまり戦争が終って刑事訴訟法が改正されて、証拠がなかったら自白があっても確定しないんだということを地方の警察はまだよくわかっていなかったんだよね。本人が『やりました』と言えば有罪にして証拠調べなんてまともにやっていなかったんだよね」

だからこの映画の一番迫力ある場面は、主人公が自白を強要される拷問のシーンである。手錠をかけられたままの主人公が、何度も何度も柔道の投げ技をかけられる。次第に意識がもうろうとしていく姿がリアルに描写されるのである。

それに罪をかぶせられる四人の労働者の家族、とくに母親や祖母たちの描写が映画の奥行をつくっている。演ずるのは北林谷栄、飯田蝶子、夏川静江、原泉である。なんという豪華な配役であるか。

もうひとつ、この映画が果した役割について述べておきたい。

私は国民救援会に会員として参加している。国民救援会の主要な活動のひとつが冤罪による犠牲者の救援活動である。実は八海事件こそ政治的背景のある、なしにかかわらず冤罪の犠牲者は救援するという国民運動のはじまりなのである。

国民救援会というのは戦前、千葉県の野田醤油争議のとき、暴力団と警察が組んで争議に介入し、すさまじい弾圧を加えたのだが、そのときに子どもや家族がまきこまれて犠牲者がでた。医師であった馬島僩《ゆたか》という人が犠牲者と家族を救おうと呼びかけたのが始まりとされている。

それ以来、一〇〇年近くこうした運動団体が続いて活動しているのは世界にも例がない。アムネスティ・インターナショナルができたのが一九六一年のことである。日本の救援会も戦前、モップルすなわち国際赤色救援会日本支部を名乗ったこともあるが、戦後は国際赤色救援会のほうがなくなってしまったのである。

それはともかく、戦前は「お前の考えが悪いから弾圧する」「(資本家から見て) お前たちの要求がけしからんから弾圧する」というのであったから、救援会の活動はそれらの弾圧の犠牲者を救援することに力をつくせばよかったわけである。

ところが、戦後になるとこの弾圧に「謀略」が加わった。こうなると「真実を明らかにしなければ犠牲者を救援できない」ことになったのである。

この謀略事件がまた大変な数で起されるのである。主なものだけでも、下山、三鷹、松川の三大事件をはじめ、白鳥、芦別、青梅、メーデー、辰野、大須、吹田、菅生などである。これらはすべて共産党、あるいはその支持者たちの活動を社会から抹殺しようと狙いを定めた謀略なのである。そしてそれらの事件のうち、最も大きな大衆的裁判闘争として国民的な運動に発展したのが松川事件である。考えてみれば、私が国民的・民主的運動に人生で初めて遭遇したのが松川運動である。

まだ、原水爆禁止運動もなかった頃のはなしである。松川事件が起ったのが私の中学一年生のとき、広津和郎・志賀直哉氏ら著名な文学者九名が松川事件の公正判決要請を裁判所に行なったのが一九五三年（昭和二八年）だから私が高校二年生のときである。

だから、広津和郎の松川判決批判が東京大学で行なわれた時に、それを聴きに行ったのは私が高校生だった頃だと思う。

私は一九五九年（昭和三四年）に葛飾区役所に就職し社会人となったが、その直後に松川大行進が葛飾区を通過して最高裁への要請行動が行なわれた。私はこの行進に参加した。当時、国道六号はまだ舗装されていなくて〝三十間道路〟などと呼ばれていた時代である。

松川事件の謀略性を暴露し、多くの死刑判決がいかにでたらめなのかと、論理的に冷静に明らかにしていく広津和郎氏の『中央公論』の連載は、当時私が最も夢中になって読んだもののひとつである。

その松川事件の弁護団に、二審で有罪となった八海事件の被告たちから救済を求める手紙が届くのである。そして弁護団は忙しさ覚悟で支援を引き受けるのである。

松川弁護団の団長であった岡林辰雄の『われ黄金の釘一つ打つ』（大月書店、一九八〇年）によれば、

「ちょうど松川が苦しい最中だったから、なぜそんな事件にまで手をのばすのか、という苦情が出ましたが、私は裁判所もまちがうものだ、ということを知らせるのにかっこうの事件だ、と思っ

たのです」

とある。正木ひろし弁護士はあとから加わったのだそうである。

なにより松川事件の被告団が八海事件の被告たちに手紙を送り、励まして交流が開始された。これが政治的背景のあるなしに関わらず冤罪そのものを許さない、という運動のはじまりとなったのである。

以来、国民救援会による冤罪事件に対する救援活動は数多い。そしてそれはわが国の人権思想と民主主義のさらなる深化につながったのだと思うのである。

権力の横暴に執念をもって立ち向かう

## 『証人の椅子』山本薩夫監督（一九六五年）

山本薩夫監督は松川事件について一九六一年に『松川事件』、一九六五年には『にっぽん泥棒物語』と二本の映画をつくっている。

松川事件は最高裁が再上告を棄却し、被告一七名全員の無罪が確定するのは一九六三年（昭和三八年）のことである。映画『松川事件』が製作され、公開された一九六一年というのはまだ仙台高裁で差し戻し審が行なわれていた時である。

その時に「松川事件映画製作実行委員会」がたちあがり、資金をあつめ、映画をつくり、上映運動が組織されたのである。わが国における「独立プロ運動」のひとつの頂点をなした映画といってもいい。

『にっぽん泥棒物語』は松川事件の無罪が確定したあと、松川裁判に登場したひとりの証人をモデルにして真犯人を追及した東映映画である。こちらもブルーリボン監督賞、アジア映画祭監督賞、日本映画記者会賞を受賞した。

山本薩夫のすごいところは『松川事件』『にっぽん泥棒物語』をつくったあとに、さらに大映で徳島ラジオ商殺し事件の富士茂子さんを描いた『証人の椅子』をつくったことである。

山本薩夫の『私の映画人生』（新日本出版社、一九八四年）によれば、

「無実の罪をきせられた女性と、彼女の無実を証明するために必死の努力をつみ重ねる甥の姿を通し、国家権力の横暴をあばこうとした」と、映画製作の狙いを語っている。

権力の横暴をあばくという点で、山本薩夫監督の執念に近い情熱が感じられる切れ味鋭い演出力が迫ってくる映画である。

八海事件は単独犯による犯行なのに警察が「複数人の犯行に違いない」という見こみをたてたために、四人の労働者がむりやり犯人に仕立てあげられた事件だが、『証人の椅子』の徳島ラジオ商殺し事件は、当初、外部から侵入した者が犯行におよんだものと捜査したが、途中で検察官

が内部犯行説を唱えたために、妻の茂子さんが犯人にされ、それを証明するために住こみの少年店員が偽の証言をさせられて苦しむという事件である。

どちらも権力者がいったんこうと決めたら庶民の暮らしも命も破壊してしまっても権力者たちは暴走していくという事件である。

『証人の椅子』は冤罪被害者の富士茂子の苦悩を描くとともに、茂子の無実を信じる甥の瀬戸物商が商売そっちのけでかけまわり、偽の証言をさせられた住みこみ店員たちから真実を聞きだすことにドラマの中心がある。

原作は開高健の『片隅の迷路』という小説だが、こちらは小説だから被害者はラジオ商ではなく農器具商になっている。

しかし、事件そのものは正確に書きこまれており、開高健は冤罪を明らかにしようという映画ならば、というので原作料は受け取らないで協力したという。

この映画の果した役割は、冤罪事件に対する運動をさらにひろげたというだけでなく、その運動にあとおしされて、いったんは上告をあきらめた富士茂子さんが再審請求の運動を起こし、これに松本清張、市川房枝、瀬戸内晴美氏らが加わって、ついに再審が実現したという方向にすすんだことである。

残念ながら富士茂子さん自身は、再審が確定する前に亡くなられてしまったのであるが、山本薩夫・今井正という二人の映画監督がレッドパージのあと、国家権力の横暴とたたかう映画作家としての情熱と闘志から、日本の民主主義の前進に資する名作をつぎつぎとつくりだしたという点をかみしめてみたいと思うのである。

## 12. フランス人民のレジスタンスについて

鉄道労働者たちの身体を張ったたたかい

### 『鉄路の闘い』ルネ・クレマン監督（一九四六年）

私の青春時代に最も心を鼓舞された世界の歴史的事件は、フランスがナチス・ドイツに四年二ヶ月にわたって占領されていた時期にフランス国民がくりひろげた抵抗闘争、いわゆるレジスタンスである。

日本人は第二次世界大戦を一九四一年（昭和一六年）一二月八日と思いこみがちであるが、それはあくまで日本が米英と戦争状態に入った「真珠湾攻撃」のことであって、第二次世界大戦の始まりはそれよりも二年以上も前の一九三九年（昭和一四年）九月一日にドイツがポーランドに侵入した時点なのである。その二日後にイギリス・フランスがドイツに宣戦布告したのである。

ところがドイツの侵略はすさまじく、一年も経たない一九四〇年（昭和一五年）六月一四日にはパリが占領されてしまう。フランスのペタン政府はドイツに降伏を申し入れ、正規のフランス軍は武装解除されるのだが、多くの国民はこれを受け入れない。ここから四年二ヶ月におよぶ国民の抵抗闘争が始まるのである。

フランスの北部を中心として、いち早く多くの組織と人員がさまざまな闘いをくりひろげるのであるが、そのうちの「国民戦線」という結集体がフランス共産党の指導の下に抵抗運動を大衆的な国民運動にするうえで大きな力となった。

ルイ・アラゴンという詩人に『フランスの起床ラッパ』（新日本出版社、大島博光訳、一九八〇年）という詩集がある。

そのなかに「詩人からその党に」という詩がある。

「わたしの党は　わたしにフランスの色を返してくれた
党よ　わたしの党よ　その教えをありがとう
その時から怒りも愛も　よろこびも苦しみも
すべてがわたしにとって歌になる
わたしの党は　わたしにフランスの色を返してくれた」

この詩は、フランス国民にひろく愛唱されたものだというが、こういう詩を読むとレジスタンス運動のなかでフランス共産党がいかに権威をもち尊敬されていたのかを伺い知ることができる。

そのフランス共産党が今日、なぜ弱少政党になってしまったのかなどということを述べ始めると「映画談義」から大きく外れてしまうので、ここは我慢することにする。

ナチス占領軍は抵抗するフランス国民をほしいままに虐殺し、レジスタンス側もさまざまな犠牲を払わざるを得なかった。

しかし、一九四二年にナチがフランスの青年を徴用してドイツの工場に送るという政策を強めたことが多くのフランスの青年が抵抗に立ち上ることになる。そして、ついに共産党、社会党などすべての抵抗組織と政党を網羅した全国抵抗委員会（ＣＮＲ）が結成され、文字どおりの統一戦線ができるのである。抵抗運動が始まって三年後の一九四三年（昭和一八年）五月二七日のことである。

映画『鉄路の闘い』は一九四四年、米英などの反ファッショ連合軍が、第二戦線をひらき、ノルマンディに上陸することが明らかになってきたとき、ナチス軍がこれを阻止しようと軍隊を移動させようとする。そのドイツ軍の移動を妨害して闘う国鉄労働者を描いた作品である。

もうこの時点での国鉄労働者はあらゆる職種、現場も管理職も、ベテランも青年も皆、一致して、あらゆる手段を駆使してドイツ軍の運行を妨げるために心をひとつにして力を合せるのである。

占領軍は見せしめのように労働者を銃殺するのであるが、現場の労働者の知恵にほんろうされ続ける。それをルネ・クレマン監督は有名俳優を使わず、闘いに参加した国鉄労働者をつかってドキュメンタリータッチで描く。しかし、記録映画そのものかというとそうではなく、さりげなくドラマチックなショットをはさみこんで映画の観客に強烈な印象を与える。

例えば、最初のほうで労働者のサボタージュに業を煮やしたナチスが、見せしめに六名の労働者を銃殺するシーンがあるのだが、壁の前に立たされた労働者が、いよいよとなる瞬間に前の壁をみると昆虫が必死にしがみついている。その虫が壁からハラリと落ちるのである。その瞬間に銃声が鳴る。すると機関区のなかのすべての機関車が気笛をいっせいに鳴らして抗議するのである。

また、最後のほうでノルマンディーにむけてナチス軍が十数台の戦車を輸送することになる。二人の機関士が命がけでその列車を転覆させて谷に落すために脱線させるのだが、戦車を乗せた貨物列車のすさまじい転覆場面が続いたあと、アコーデオンがひとりでに音を鳴らしながらころがり落ちてきて停る、などというショットが配置されてクライマックスシーンがしめくくられる。ドキュメンタリータッチながらルネ・クレマンの心憎い演出なのである。

私はこの映画を大学四年生の夏に観た。

実は四年生の夏に大学側が出席日数が足りなくてこのままでは卒業できそうにない学生を対象

に「特別補講」というものをやってくれたのである。私は「活動」が忙しくて、卒業などどうでもいいやという気持ちでいたのだが、そのことをきちんと批判してくれる人がいて、私もあらためて卒業する気になりその夏は「映画は観ない」という決意をしたものである。そういう決意をしなければならないほど、落した単位が多かったのである。

そしてその「特別補講」の最後の試験が終って、答案用紙を提出し、その足で銀座に駆けつけて観た映画がこの『鉄路の闘い』なのである。ロードショーであった。

映画は一九四六年に製作されたものであったが日本公開は遅れたのである。

なぜか。それは占領軍に対する抵抗を描いていたのでアメリカ占領下の時代はアメリカに忖度したためなのである。

ノートルダム寺院の鐘が鳴り渡るまで

## 『パリは燃えているか』ルネ・クレマン監督（一九六六年）

日本共産党が一九九四年に発行した『日本共産党の七十年』という党史を書いた本に年表がついており、その年表を見ると一九四四年八月二四日パリ市民が武装蜂起してパリを解放、八月二五日に連合軍がパリに入るとなっている。

これがルイ・アラゴンの『フランスの起床ラッパ』につけられた訳者の大島博光氏の解説によるとさらにくわしく、パリ市民が自力で武装蜂起を始めて、「国内フランス軍」が戦闘を全市に展開し始めたのは一九四四年八月一九日となっている。

そして八月二四日の夜一一時にノートルダムの大鐘が突如として鳴りだし、続いてパリ中の鐘という鐘が鳴りだし市民たちは外に飛びだして街や大通りを埋めたとある。

要するにパリはパリ市民自らの闘いで解放を勝ち取ったのである。

だからルイ・アラゴンは、「勝利したわが人民のあの歓呼の声ほどわたしの心をうったものはなかった……　パリ・パリ　みずからを解き放ったパリよ」

とうたったのである。


映画『パリは燃えているか』は、この段階のレジスタンスをドイツ軍、進軍してきた連合軍も含めて描いた豪華なオールスター映画である。

なにしろ、連合軍のパットン将軍にカーク・ダグラス、ブラッドリー将軍にグレン・フォード、ドゴール派の幹部にアラン・ドロン、ノルウェー領事にオーソン・ウェルズである。

そのほかにもシモーヌ・シニョレ、レスリー・キャロン、ジャン・ポール・ベルモント、ダニエル・ジェラン、イヴ・モンタン、アンソニー・パーキンス、ジョージ・チャキリス、ロバート・

スタックと文字どおり米・仏の主演級俳優がぞろぞろでてくるのである。

映画は敗色が明らかになったヒトラーがパリから本国に帰る時、残留する軍隊の司令官を任命した際、「連合軍にパリを渡すな、奪われるくらいなら街を燃やせ」という命令するところから始まる。

しかし、その時はすでにパリ中の市民がレジスタンスに立ち上っていて、ナチスは完全に孤立している。なんと、パリ警視庁の警察官がストライキに入っていて、警視総官が職場復帰を命じても誰も応じない。逆に私服に着替えた警察官たちが警視庁の建物を占拠してしまう。

ナチス占領軍はこれを弾圧するために、戦車まで動員して警視庁の建物を奪いかえそうとするのだがあべこべにやられてしまう。『鉄路の闘い』は国鉄労働者のたたかいなのだが『パリは燃えているか』は警察官の闘いなのである。

しかし、レジスタンス側も内部は複雑で、イギリスに亡命していたドゴール将軍派が、本国のレジスタンス運動の主導権を握ろうと必死である。

アメリカを中心とする連合軍は一時、パリを迂回して進軍する方針をたてていたが、ドゴール派のはたらきかけでパリに向うことになる。追いつめられたナチス占領軍はパリ中に地雷をしかけて爆破する準備をすすめるが、地雷を爆破させる前に司令官自身がレジスタンス側に拘束されてしまい万事休すとなる。

映画は何年も鳴らしていないため、くもの巣がはっているノートルダム寺院の大鐘を鳴らすために二人の男性が仕かけを懸命に踏んでいく。ようやく鐘が少し動き始める。しかし、少しゆれるぐらいでは音はでない。

やがて鐘は大きくゆれはじめて、やっと鳴り始めるというシーンが感動的なのである。

そして、パリ中の鐘が鳴り、民衆の歓呼の声が聞えてくるなかで、受話器がはづれたままになっている占領軍の司令官室の電話からヒトラーのわめき声が聞えてくる。

「パリは燃えているか。パリは燃えているか」

『鉄路の闘い』は抑制のきいたドキュメンタリータッチの映画だが、『パリは燃えているか』はオールスター勢揃いの芝居の気たっぷりの映画なのである。

実はこの映画談義、映画をネタにした私の勝手なおしゃべりなのだが、自分で課した唯一のルールはひとつのテーマでとりあげる映画は二本と決めていることである。その二本をどれとどれにするか、あれこれと思案することがまた、楽しいのである。

この回は二本とも同じルネ・クレマン監督の映画にしたのだが、とりあげたい映画は他にもあってどうするか悩んだのである。自分で決めたルールなのだからどうでもいいことなのだが、少しばかりルール破りをしてみたい。

ひとつはアメリカ映画で、イングリッド・バーグマンとハンフリー・ボガートが主演した『カサブランカ』(マイケル・カーチス監督)である。

イングリッド・バーグマンの夫であるレジスタンス運動の指導者(ポール・ヘンリード)を亡

命させるために、昔の恋人であったハンフリー・ボガートの力を貸りるという。ほろにがいラブ・ロマンスなのだが、ハンフリー・ボガートは酒場を経営している。

その酒場で七、八人のナチスの将校たちがわがもの顔で酒宴を開いている。ナチスの軍歌のようなものを歌って盛り上っているのである。同じ店で飲んでいるフランス人はおもしろくない。すると誰かが小声で、ラ・マルセイエーズを歌う。それが次第に店じゅうのフランス人たちに伝わっていき大合唱になってしまう。

その歌声はドイツ将校たちの歌を圧倒してしまい、将校たちは気まずくなってやがて、店からでていってしまうのである。やはりフランス革命で自国の近代を切り開いた国民は違うなあと、思ったものである。

もう一本、私を悩ませた映画は『天井桟敷の人々』（マルセル・カルネ監督）である。

これはレジスタンスを描いたものではない。内容はナチスも戦争も関係ない。一九世紀のパリを舞台にした灼爛たる時代絵巻きなのである。

なぜレジスタンスに関係するのかと言えば、この映画はナチス占領時代にフランスの演劇・映画界の第一人者の俳優を集めて出演させ、巨大なオープンセットをつくり、一五〇〇人ものエキストラを動員して三年三ヶ月もの期間をかけて完成させるという、映画づくりそのものがレジスタンスだったからである。ジャック・フェーデ、ジャン・ルノワール、ルネ・クレールといった巨匠と呼ばれていた映画監督たちが、スイスやアメリカに亡命したにもかかわらず、マルセル・

カルネはフランスにとどまり、これぞフランス映画と呼べるものをつくり続けたのである。最後の群衆シーンは「これがフランス国民だよ」と言わんばかりの迫力であり、しかもできあった映画は映画史上、屈指の名作となったのである。

中条省平『フランス映画史の誘惑』（二〇〇三年集英社新書）によれば、この映画は、「一九四五年三月九日、ドイツ軍から解放されたパリのシャイヨー宮殿でプレミアム上映が行われ、それはいわばファシズムに対するフランス映画の勝利を記す決定的なできごとであった」とある。

フランス国民にそのように迎えられた映画なのである。

つまり、フランス国民がレジスタンスを描いた映画を選ぶとしたら、おそらく『天井桟敷の人々』を選ぶのではないかと思うのである。

## 13. 明治維新について

国の変革が国民の力で行なわれなかった悲劇

『夜明け前』吉村公三郎監督（一九五三年）

原作は言わずと知れた島崎藤村である。だから、映画も原作と同じナレーション（宇野重吉）で「木曽路はすべて山の中である」から始まる。

しかし、やはり映画はよい。ナレーションは原作どおりであっても、カメラが同時に木曽路の山々を美しく写す。カメラは名手、宮島義勇である。

それに音楽である。タイトルから木曽踊り保存会による正調〝木曽節〟が流れる。

「木曽のなあ――なかのりさぁん――木曽の御嶽さんはなんじゃらホィ」という、のびやかな歌声が耳に入ってくるだけで、観ている方は映画の世界に身も心も引きずりこまれてしまう。

ちなみにこの〝木曽節〟は、映画のなかで主人公である青山半蔵（滝沢修）のところへお民（小夜福子）が嫁入りしてきた夜、花嫁行列が青山家に到着した時、花嫁を乗せた駕籠の周りを村人が囲んで踊り唄われる。さらに映画の最後で半蔵が発狂してしまった時、村の盆踊り稽古の歌声が遠くから聞こえてくるという設定で使われている。いずれも非常に効果的に味わうことができる。

さらに豪華な出演俳優たちである。映画は近代映画協会と劇団民芸のタイアップでつくられた。乙羽信子、殿山泰司、菅井一郎、山形勲、細川ちか子、伊達信といった達者な俳優たちの他に劇団民芸総出演である。

滝沢修、宇野重吉、北林谷栄、清水将夫の他、まだこの頃は無名に近い若手俳優だった芦田伸介、大滝秀治、佐野浅夫、垂水悟郎、下元勉、内藤武敏、鈴木瑞穂、大森義男などがチョイ役でぞろぞろとでている。

特に滝沢修と宇野重吉の競演である。主役は滝沢で宇野は脇役なのだが、映画のテーマである明治維新について、滝沢が街道の宿役人・本陣庄屋として維新を肯定しようとするのに対して、宇野が維新によって苦しめられる農民の立場から否定するという役で、映画の緊張感をつくりあげている。

私らの世代は、滝沢修、宇野重吉という名優が一本の映画の中で競演するということをリアルタイムで楽しめた世代である。だからどうしたと言われそうだが、やはりそれが〝映画好き〟の幸福感というものである。

さて、本題に入ることにしょう。なぜ、こんなテーマで映画談義をしようと思ったのか。

実は、橋爪大三郎著『日本のカルトと自民党、政教分離を問い直す』（集英社新書、二〇二三年）という本を読んでいたら、「なぜ幕末から維新にかけて、神道系の新宗教が多く現れたのですか」という設問の頁がある。

「その理由は天皇に人々の関心が集まったことにあります」

――明治維新はなぜ成功したか、それは『わたしたちの日本人』という感覚に多くの人々が動かされたからです。日本がネーション（国民共同体）として形成されたその原動力が尊皇思想です」とあり、さらに「尊皇思想を唱えたのは後期水戸学です。後期水戸学にはいくつもの思想の潮流が流れこみました。朱子学の山崎闇斉学派の流れ。本居宣長の平田篤胤の国学や復古神道

の流れ……」とあり、そして
「尊皇思想の要点は天皇が日本の真の統治者であると信じることです。……神武天皇は天照大神（アマテラスオオミカミ）の子孫で天皇に即位した。以来代々の天皇が日本を統治してきたのだから天皇を中心としてまとまるのが日本の正しい姿だと考えます。

——尊皇思想は日本人は何かというアイデンティティを与えます。日本のネーションを形成できるのです」と説明する。

「尊皇思想の源泉は日本人のアイデンティティを神話時代にさかのぼって確認する『革命的ロマン主義』といえるでしょう。

——古代に原点を置いているので『武士』をなしにできることです。天皇の前ではすべての日本人は平等である。古代では天皇や人民はいたが武士はいなかった。尊皇を掲げると将軍の大名を抜きにした政治変革（倒幕）が導かれるのです」

続いて、

「このために神話時代の高天ヶ原（タカマガハラ）の神々がありありと実在していると感じられる必要がありましょう」

ここまで読んで、私は眼からウロコのような感じで思いだしたのが、映画『夜明け前』だったのである。

映画『夜明け前』で滝沢修が演じた青山半蔵は、平田篤胤の学問に心酔してまさに高天ヶ原の神々が目前に実在するかのように信仰し、しかし現実社会に次々と裏切られ続け、ついに精神に異常をきたして死んでいく話なのである。

主人公の青山半蔵は、原作者である島崎藤村の父親、島崎正樹がモデルで、原作は昭和四年から昭和一三年まで。七年間に渡って『中央公論』に掲載された長い小説である。

私は高校生の頃、終わりまで読み通すことができないで挫折した小説が三つある。ひとつはトルストイの『戦争と平和』、二つ目は吉川英治の『三国志』、三つ目が藤村の『夜明け前』だった。それが今度は、この映画談義のために原作を読んでみようと思った。そして読んだのだが、やはり長いなとため息がでた。

今さら明治維新の歴史として、岩倉がどうしたの大久保がどうしたのというものを、歴史書として読むのならともかく、小説としてはわずらわしいし、水戸藩内の内ゲバが延々と書いてあるのも辟易する。

しかし、青山半蔵という人間像と明治維新とのかかわりについては、やはり映画より原作の方が深く書かれていて、明治維新という大社会変革とがっぷり四つに組んで苦しみ抜いた男の物語として感動を深くした。

同時に映画が原作とはかなり違うという点も考えさせられた。なにより原作が発表された時代と、映画がつくられた時代の差が大きい。

すでに書いたように、原作が発表されたのは一九三五年、専制的天皇政治体制のもとで、日本がいよいよ本格的に戦争に突きすすもうとしている時代である。一方、映画がつくられたのは一九五三年、戦後の憲法のもとで日本の国民がさまざまな民主的運動を経験した時代である。維新政府ができる前に木曽路の牛方のストライキが起こるが、原作ではあっさり。こういうことがあったと書かれているだけだが、映画ではかなり劇的に描かれている。

当時の木曽路の運輸労働者である牛方たちが利三郎（殿山泰司）を中心に、「上前をはねる、依怙贔屓はする」問屋に対してストライキを行なうのである。荷役を拒否して牛方たちが木曽路の河原に牛を集めて、牛を洗うストライキシーンが印象深い。

造り酒屋の金兵衛（菅井一郎）が「牛方が問屋に楯突く、前代未聞じゃ」と仲裁に乗りだすが、牛方たちは団結して、「悪質な問屋は、問屋を降りてもらうしかない」と譲らない。

やがて半蔵の友人である香蔵が新しく問屋を引き受ける形で牛方たちの要求が通る。それを知り、半蔵の父である吉左衛門が「木曽路は牛方たちから変わっていくよ」と半蔵に言う。

また、映画は青山家に出入りしている一三人の百姓（要するに小作人）のうちの一人である謙吉を、明治維新を否定する立場で原作よりかなり膨らませて描いている。

謙吉を演じているのが宇野重吉という大御所だから、配役上の配慮もあるのだろうが、ともかく強烈な印象である。

半蔵が待望していた明治維新政府ができたのに美濃・信濃一帯の百姓一揆が起きる。一揆はほどなく静められるのだが、半蔵は謙吉を呼びだして、馬籠から何人の百姓が一揆に参加したのかと聞く。すると、謙吉が、「おらの口からは言えねぇ」と拒絶するのである。するると半蔵が、「なんで一揆したのだ。新政府から御手当がでたのではないか」と言うと、謙吉はこう答えるのである。「あんな御手当がいつまでもあらすか。みんなとっくに飲んでしまったわな」そして加える。「おらたちだって人間。酒くらいたまには飲むわね」

この「おらたちだって人間」のセリフは原作にはない。

さらに謙吉が、御禁制の山の樹を伐ったことで官憲に捕まる。半蔵がでていって「歳とった母親もいることだし、今度だけは大目に見てやってくださらんか」と頼むのを謙吉が遮る。「旦那様、牢屋に入ってくるぞなし、山の樹でも盗まにゃ、おらあ食っていけるか、どうせいつかは盗人せにゃいかんぞね」と、官憲に引かれていく。

このシークエンスは原作にはない。

徳川時代には、木曽の山々は森林保全のために巣山、留山、明山というように区別され、そのうち明山は住民が自由に立入って樹木を伐採することができた。しかし、明治維新になって明山も伐採禁止としたために、農民は暮らしが成り立たなくなった。このことに謙吉が実力を行使し、反抗する肝の据わった農民として描かれている。

維新前の牛方のストライキといい、維新後の農民の反抗といい映画『夜明け前』は、やはり単なる島崎藤村の映画ではなく、戦後の民主主義映画運動の中で生まれた映画なのである。

一方、原作にはかなり大きな比重で書きこまれているが、映画では省かれている部分もある。

半蔵が天皇の行幸を見物に行って感情が高まり、天皇が乗っている馬車に、自分の和歌を書いた扇子を投げ入れてしまう「献扇事件」は、物語の中では重大事なのだが、映画では事件後の青山家の下男佐吉（下元勉）のセリフだけで説明されている。

また、青山半蔵はこの献扇事件を許されて政府の仕事として飛騨高山の国幣小社・水無神社の宮司を務めるのだが、映画では省かれている。だから、青山半蔵が精神の異常をきたす経過は映画の方が少しわかりづらい。

それにしても、平田学徒として天皇を中心に古代に帰れば、すべての人々が平等に生きていけると熱烈に信じていながら、いざ天皇を中心とした政府ができると次々と裏切られ続けて、いきついた先に、精神に異常をきたすというような小説を島崎藤村は、よくも昭和のあの時代に書いたものだ。

また、それを演じた滝沢修も、特に精神に異常をきたしてからの部分は、鬼気迫るものがある。滝沢修のこの演技を観るだけでもこの映画を観る価値がある。

## 暴力を否定しながら暴力をふるうヒーロー
## 『鞍馬天狗・御用盗異変』並木鏡太郎監督（一九五六年）

日本の時代劇のキャラクターには、旗本退屈男とか、丹下左膳とか、眠狂四郎など色々あるけれど、鞍馬天狗が最も政治的キャラクターである。それも明治維新という、日本史の中の大変革の史実にするりと架空の鞍馬天狗が入りこんで活躍するのだからおもしろい。一種のＳＦ映画なのである。

その意味で、名作とは言い難いけれど、『鞍馬天狗・御用盗異変』を取り上げてみたい。

主演はご存じ、嵐寛寿郎である。

まず初めに、御用盗事件というものが史実である。それも西郷隆盛が、すでに大政奉還した徳川慶喜をさらに追いつめるために、まだ慶喜が大阪にいて軍隊も京都・大阪にいる間に、留守を狙って幕府の本拠地である江戸で騒ぎを起し、後方を攪乱しようとした極めて悪質な政治的事件である。

一八六六年（慶応二年）の秋、西郷隆盛が伊牟田尚平と益満休之助を呼んで、江戸の治安を揺さぶり、人心の不安を高める戦術を授けたと、川西政明『鞍馬天狗』（岩波新書、二〇〇三年）にある。

半藤一利『幕末史』（新潮社、二〇〇八年）にも「江戸に送りこまれた益満休之助が天璋院（薩摩出身の篤姫のこと）の警護ということを名目にして江戸攪乱の浪士団を結成し、西郷が『やれ』という指令をだしたので、やたら御用盗であると、強盗に入ったり商家を脅したりして大騒ぎになった」とある。
映画では西郷に呼ばれたのは益満休之助だけでなく、鞍馬天狗も呼ばれ、最初から同志として加わることになっていたとされているのである。
この辺が融通無碍に史実に入りこんでしまう鞍馬天狗映画のおもしさである。だから鞍馬天狗が益満休之助に会うために江戸の薩摩屋敷に行った場面では、こういう会話になる。
益満休之助「ときに天狗さん、遅かったのう。もうとっくに江戸にきとるはづたい。待っちょりました。あんたがきてくれたんで、我が御用盗も鬼に金棒たい」
鞍馬天狗「その御用盗をやめてもらうために参りました」
この場面の前に鞍馬天狗が御用盗の現場を目撃してしまい、御用盗の連中を叩きのめして、町方のお役人がくる前に姿を消す場面がある。
鞍馬天狗「御用盗のために江戸の町民がどんなに苦しんでいるか、あなたも御存知でございましょう」
益満休之助「しかたなか、天下のためだ。多少の犠牲はやむを得ん。徳川慶喜を怒らせて剣を取って薩長に反抗させねばならん」
鞍馬天狗「慶喜は大政を奉還しておりますぞ。政治は天長返りました」
益満休之助「いや、禍根を残してはいかん。そのために徳川をぶっ潰す。徳川の無力を天下に示して不信を抱かせる。これも御用盗の仕事ですばい」

鞍馬天狗「そのために江戸の庶民を苦しめる。賢明な策とは思えません」
益満休之助「革命の前に賢も愚もなか」
鞍馬天狗「私は庶民の味方です。町民をいじめる暴力にはあくまで対決します」
益満休之助「我が薩長は徳川の暴力を根こそぎ倒すために闘っておる。その手段のひとつとしての御用盗ですたい」
鞍馬天狗「徳川の暴力を倒すために、新たに町民に暴力を加える。私はその暴力と闘うといっているのです」
鞍馬天狗はかっこいい。剣さばきがかっこいいだけではないのである。
鞍馬天狗は暴力否定なのだが、映画ではその鞍馬天狗がバッタバッタと相手を切り倒すのが見せ場になっているのだから矛盾している。しかし、鞍馬天狗がそのことで少しも悩んだりしないのである。あえて言えば、それが娯楽映画のすぐれた点なのではないか。
ところで、益満休之助は実在の人物である。史実では、度重なる薩摩の挑発を受けて、徳川方が江戸三田にあった薩摩藩邸に焼き討ちをかけ、四方を囲んで発砲したのに対し、薩摩藩邸にいた浪士一五〇人が応戦し、二〇〇年間江戸で見られなかった大規模な戦闘になったという（川西政明『鞍馬天狗』）。
そして、徳川慶喜が大政奉還した後、西郷とは別の道、即ち議会をつくり憲法をつくって中央集権国家をつくる（いわゆる舟中八策）ことを提案していた坂本龍馬が暗殺されて、翌年に鳥羽伏見の戦いが起き、薩長側が勝利して西郷隆盛の目論見は成功することになるのである。

映画の方はあっさりと史実から離れて、青年学者（平田昭彦）が発明した燃やすと花も枯れ、人も死ぬ薬物の争奪戦になり、鞍馬天狗が大活躍し、その薬を奪おうとしていた御用盗の浪士たちも、徳川方の武闘派である松平主税之守（山形勲）も打ち負かされて、鞍馬天狗が今度は「江戸を巻きこむ戦争は困るからやめてくれ」と、西郷隆盛に会いに行く。それを杉作少年たちが手を振って見送るところで終わる。

鞍馬天狗が次の史実である「江戸無血開城」にからんで活躍できるようにして終わるところなど、映画資本の魂胆も中々たくましい。

ちなみに、益満休之助を演じた佐々木孝丸は、インターナショナルの歌詞を翻訳した人である。「起て飢えたる者よ　今ぞ日は近し」というあれである。

その人が革命のために手段を選ぶ必要はない。などと言う役をどんな気持で演じたのであろうか。そんなことを言われても、迷惑だと言うかもしれない。だって、強面の役を演じる貫禄充分な迫力がでる俳優だったのだから……。

## 14. 異なる文明間の対話について

異なる文明へのリスペクトを美しく描く
『河』ジャン・ルノワール監督（一九五一年）

映画談義だというのに、こんな話題は野暮じゃないかと言われそうだが、日本共産党綱領の話をしたい。

私が日本共産党綱領の中で、一番好きな部分は日本共産党の外交ビジョンを述べた最後のところである。それはこんなくだりになっている。

――社会制度の異なる諸国の平和共存および異なる価値観をもった諸文明間の対話と共存関係の確立に力をつくす。

なんという心の広い、大きな話かと思うのである。

日本共産党綱領というのは、言うまでもなく日本共産党という政党の政治路線を内外に示すための政治文書である。件の「異なる価値観をもった諸文明間の対話と共存の確立」というのは、綱領第四章「民主主義革命と民主連合政府」というところに書かれている。

つまり、日本共産党が参加する政府ができた場合、実現すべき内容が説明されている部分である。今のところ民主連合政府は実現していないから、もし将来そうなったらの話である。

二〇二二年一二月の岸田内閣の「安保三文書」閣議決定に始まった〝大軍拡政治〟は、台湾有事の際、中国を仮想敵にして軍事対軍事のエスカレートによるいわゆる〝安全保障のジレンマ〟のどつぼに自らを引きずりこむようなことである。こういうなりゆきを考えると、日本共産党綱領で示されている外交ビジョンは決して将来の話ではなく、現在の日本が抱えている緊急課題だということになるだろう。

特にその第一項目にある「紛争の平和的解決を原則として平和の地域協力の枠組みを北東アジアに築く」などは、ただちに日本外交の基軸に据えるような大きな国民世論にしていく必要がある。

その外交ビジョンの最後、八項目が先の「異なる価値観を持った諸文明の対話と共存」であるから、私は益々〝いいなあ〟と感じるわけだ。

さて〝政治談義〟はこれくらいにして、〝映画談義〟に入ることにする。

考えてみれば、「異なる価値観を持った諸文明の対話」というのは、映画芸術にこそふさわしいテーマではなかろうか。

早い話が西部劇映画でも、ジョン・フォードの『駅馬車』の騎兵隊ものによるアメリカ先住民たちへの問答無用の〝敵〟扱いの描き方があった。しかし、九〇年代に入って、ケヴィン・コスナーの『ダンス・ウィズ・ウルブズ』では、先住民に対するリスペクトを主題にするようになった映画の歴史を考えると、映画自身がこのテーマを追求してきたことがわかる。

私がこのテーマを真っ先に思い浮かべた映画は、ジャン・ルノワール監督の『河』である。美しい映画である。

インドのベンガル地方に流れる河というと、ガンジス川の流域のひとつなのだと思うが、その河とインド国民の生活のかかわりが美しく描かれている。さらに、インドの労働者たちの働く姿も美しく描かれている。

インド社会を描く視点は、一四歳の白人少女から見たものであるから、インド文明に対する素直なリスペクトに満ちている。

この映画は一九五一年につくられたのだが、インド連邦共和国が正式に成立したのは、その前年の一九五〇年である。

しかし、インドがイギリスから独立を認められたのは一九四七年八月である。この映画に登場して物語の軸になっているのは、第二次世界大戦で片脚を失った青年のジョン大尉である。映画で描いているインドは、独立して正式な国づくりをすすめていた時期のインド社会ということになる。

映画は、植民地時代から続くイギリス人の亜麻加工工場の工場長や工場主たちの富裕な暮らしぶりを描くと共に、それと比べて圧倒的な貧しさに置かれているのに、はつらつと働き、悠然と暮らして楽しんでいるインド人の両面が描かれている。映画作品が図らずもその国の歴史と時代を反映し、記録しうるというひとつの例だと思う。

物語は亜麻工場の工場長の長女で、詩などをつくるナイーブな一四歳のハリエット（パトリシア・ウォルターズ）と、その工場主、つまり社長の娘で奔放な十八歳のヴァレリー（エイドリアン・コリ）、さらに工場長の隣家で引退した実業家の娘で混血のメラニー（ラーダ）の三人が、アメリカからやってきた第二次世界大戦で片脚を失った青年ジョン（トマス・ブリーン）に、三者三様の恋心を抱くという話だ。一四歳のハリエットがなんとかジョンの気を引こうとしてインドを説明しようとするところが「異なる文明との対話」になっている。

例えば、ディーワーリーというインドの祭りの夜にパーティーを開くのでジョンを招待するのだが、このディーワーリーというのは、インド社会が過去に行なった戦争の犠牲者を弔うために、犠牲者の数だけ灯明を灯す祭りなのである。これが美しい。

また、メラニーがインドのクリシュナ伝説を説明する際、空想で踊ってみせ、愛を表す踊りもすばらしい。結局、三人の娘たちはみな失恋するのだが、それぞれに成長する。

ジョンは、片脚を失ったことを受け入れて生きていくことを決意してアメリカに帰っていく。河に象徴されるインド社会で生きていく勇気を得て帰国していくのだが、そんな説明的で野暮なセリフはひとつもない。観客に感じさせて終わるところが、この映画の名画たる所以である。

異なる文明との対話不成立を描く

## 『眼には眼を』アンドレ・カイヤット監督（一九五七年）

この映画は、『河』とは正反対の「異なる文明間の対話」がいかに難しいか、ということを語った映画である。

クルト・ユルゲンスとフォルコ・ルリという個性的俳優が演技上も決闘しているかの如き熱演を繰り広げる映画なので、それだけでも見応えのある映画である。

医師ヴァルテル（クルト・ユルゲンス）は働いている病院の仕事を終えて自宅に帰り、くつろいでいると、車に腹痛で苦しんでいる妻を乗せた男が診てくれとやってくる。ボルタク（フォルコ・ルリ）という男である。ヴァルテルは玄関にもでずに、病院に行けと断る。ところが病院の当直医が、子宮外妊娠をただの盲腸炎だと誤診して、ボルタクの妻を死なせてしまう。

すると、それから毎夜ヴァルテルの自宅に嫌がらせの無言電話がかかってくるようになり、たまらずヴァルテルは病院で寝泊まりするようになる。しかし、昼間も見覚えのあるボルタクの車が病院にあったりする。

ある夜、ヴァルテルが憂さ晴らしに酒を飲みにでかけたが、勘定の時に財布を忘れたことに気がつき困っていると、店の支配人が「ボルタクが代わりに支払った」と言う。

ヴァルテルは金を返そうとボルタクの自宅を訪ねるが、ボルタクは商売をやめて一二〇キロも離れたラーセという街の実家に帰ったと教えられる。ヴァルテルは車を飛ばしてラーセまで行き、実家を探しあてて金を返す。ところが、いざ帰ろうとするとガス欠で車が動かない。「もう夜でどこも店が閉まっているから、明日の朝ガソリンは俺が手配してやるから泊まっていけ」とボルタクに言われて、やむを得ず泊めてもらう。

翌朝、ガソリンを配達にきた男が、タルーマというさらに二〇〇キロも離れた街に怪我人がでて困っていると言う。ヴァルテルはタルーマに行く。いざ怪我人がいる家を探し当てて訪ねると、怪我人を囲んで大勢の人が怪しげな民間療法を行なっている。

ヴァルテルはすぐに止めさせ、注射しようとすると、よってたかって止められてしまう。ヴァルテルが憤慨して表にでると、乗ってきた車の前輪がタイヤごと外されて盗まれている。

聞いてまわっても言葉が通じないから犯人はわからない。

街の喫茶店でコーラを飲んで、バスはいつくるのかと聞くと六時だという。六時になってもバスがこないので再び聞くと朝の六時だという。仕方なく喫茶店の物置部屋に泊まり、夜中に虫にたかれて眼を覚ますと部屋の外に誰かいる。

ドアを開けると、ボルタクである。

ここではじめてボルタクの仕組んだ復讐にはめられていることに気づく。

ここまでは、迫力あるミステリー映画なのである。

それにしてもなんという理不尽な復讐であろうか。ヴァルテル医師にはボルタクの妻の死にはなんの責任もない。誤診したのは病院の経験不足の当直医であり、ヴァルテルは自宅にいて勤務外の私生活の時間だったのだから、断っただけの話である。

しかも、ヴァルテルは腕が立つばかりでなく、良心的な医師であるということが、怪我人がいると聞いて二〇〇キロも離れた場所に行くということでわかる。

だから映画の観客は、医師ヴァルテルに感情移入して見ることになる。おまけに復讐する側であるアラブ人は徹底して不潔で無知で野蛮に描かれている。とても「異なる文明間の対話」どころではない。

しかし、この映画の観客がアラブ人だったら、果たして素直にヴァルテルに感情移入して観ることができるだろうか。

ボルタクの復讐が、首尾よく成るかどうかの方に関心がいくのではないかと思われるのである。なぜなら、白人社会そのものを映画はかなり辛辣に描いているからである。

まずヴァルテルの当たり前の生活、すなわち食事のあとに音楽を聴きながらワインを飲む姿とアラブ社会の貧しさを対比で描いている。ヴァルテル自身、道行くアラブ人や家畜をどかすために、邪魔だ、どけとばかりに車の警笛を鳴らし続け得る。

ヴァルテルを音楽会に誘いにきた車に分乗してきた男女たちの馬鹿騒ぎや、酒を飲みに行ったカフェに、怪しげな娼婦まがいの女がたむろしているといった、白人社会の退廃ぶりも点描されている。このあたりがアンドレ・カイヤットの映画づくりのしたたかさである。

さて、タルーマにくるバスは実は週一回しかこないことがわかり、ヴァルテルは歩いて帰ることにする。

そこから映画の後半は禿山の連なるシリア砂漠を歩くヴァルテルと壮絶な道行きとなる。

途中で禿山と禿山を結ぶ囲いもない原始的なゴンドラに乗った時、ボルタクがヴァルテルの飲用水が入った私物をさりげなく谷底に落とすなど、ボルタクの復讐に次第に追い詰められていく。渇きに耐えられなくなったヴァルテルにボルタクが井戸のある場所を教えると言って、何キロも歩かせたあげくにたどり着いた井戸は空井戸である。

「空井戸だと知っていたのだな」とヴァルテルが怒ると、「水があるとは言わなかった」とボルタクはうそぶく。

あの山を越えれば、ダマスカスの街があると言われて必死に登ると、見えるのは果てしなく続く砂漠である。

ボルタクは散々ヴァルテルを引き回すが、所々で持参しているトランクからバナナを取りだして食べたり、水を飲んだり、髭を剃ったりして嫌がらせをする。トランクには、亡くなったボルタクの妻の写真が入っている。

ついに耐えられなくなったヴァルテルは「終わりにしてくれ、もうたくさんだ。死んだ方がましだ」と叫ぶ。

するとと、ボルタクが言う。

「やっと言ってくれましたね」

復讐は成功したのである。さらにボルタクは言う。

「俺は妻を殺されてから何度も死のうと思った。だが、考えた。奴を苦しめよう。死の淵に追い詰めようと。だからここにきたんだ。やっと死にたくなったか、だがそうはいかない。俺は殺人者じゃない。ここで別れよう」

復讐劇はここで終わる。しかし、ヴァルテルは逆上して隠し持っていたカミソリでボルタクの腕を切りつける。

結局、ボルタクは出血で動けなくなる。

ヴァルテルはひとりで歩きだす。

カメラは空中から果てしなく続く、シリア砂漠をポツンと歩いているヴァルテルを写す。両者とも砂漠の中で死ぬであろうことを暗示して映画は終わる。なんとも救いのない映画である。

この映画は、一九五七年につくられたものだが、その後、世界はどの程度、進歩したのか。

## 15. 私のいち推し　乙羽信子と新藤兼人のコンビ

「こういう女性と結婚したい」

『愛妻物語』新藤兼人監督（一九五一年）

近頃はファンというのではなく、推しというのだそうだ。

私のような長い映画好きだと、長くなじんだ俳優はみなファンであり「推し」である。監督もそうである。それも私は「気に入った」となれば、その人の作品はすべて観たくなるたちである。これは文学も同じでひとつ「気に入った」となると、その作家のものは読みたくなるのだからやっかいなのだ。その結果、家じゅう本だらけになってしまうのである。

それはさておき、わが国の映画人のなかで私の「いち推し」は誰かというと乙羽信子と新藤兼人なのである。どちらかひとりでなく、このふたりが組んだ映画づくり全体が好きなのである。二人はたくさんの映画をつくり、なかには失敗作も駄作もあるのだが、それも含めて私は「推し」なのである。

二人は夫婦であるが、正式に夫婦として名乗るまでには二人とも複雑な苦労をしていながら、それでも映画づくりという点では監督VS女優としていささかも手を抜かず、体当りで作品をつくり続けてきたから、私はこの二人を愛さずにいられない。

しかもその作品群は反戦・反原爆という点で一本スジが通っており、性や老いという問題も含めて、人間のリアルを追及するという点では映画創作手法のうえで実験精神にあふれている。そのための冒険をいささかも恐れない。新藤兼人と乙羽信子が日本の映画芸術に残した功績はきわめて大きいと思う。

『愛妻物語』は新藤兼人の監督第一作で、一九五一年の製作である。

私はこの映画に思春期の初め頃に出合った。たいへんな衝撃であった。乙羽信子に心からほれこんでしまったのである。中学生だった私は「結婚するならこういう女性としたい」と思いつめたものである。

当時、乙羽信子は宝塚のマドンナ・スターから大映に引き抜かれて「百万ドルのえくぼ」などとさわがれていた女優である。

映画はその乙羽信子が、親の反対を押し切って売れないシナリオライターと結婚し、励まし続けながらやっと夫に芽がでだしたとたん、結核で血を吐いて死んでしまう話である。新藤兼人も言っているが、彼自身の自伝的映画なのである。

彼の最初の妻のことを、彼自身でシナリオ化してどうしても他人に監督をやらせたくなくて、自分で監督もやると会社と交渉して監督第一作となったものである。妻の役に乙羽信子を選んだのは新藤だが、事前にシナリオを読んで「私がやりたい」と乙羽信子も名乗りでていたという。

そういう点で最初から息が合っている。

新藤自身は沼崎という売れないシナリオライターとして描かれるが、戦争中の企業整備政策で映画会社の合併がすすみ、リストラされる危機にみまわれる。そうした不安を抱えた青年を宇野重吉が演じている。

リストラされるかどうかの瀬戸際、会社はテストとして坂口監督の作品のシナリオを書かせる。「坂口」というのは実際は溝口健二監督のことであるが、滝沢修が貫禄充分に演じている。沼崎は書きあげたシナリオを坂口に持ちこむが、坂口の評価は厳しい。

「シナリオになっていないよ。すじがき程度だね。芝居になってない。こんなことじゃだめだね。まあ、シナリオというものを最初から勉強しなおすんだね」

というのである。文字どおり「打撃的批判」である。誰でもここまで言われたら立ちなおるのは難しい。

そこを妻タカコ（乙羽信子）が励ますのである。励ますだけでなく会社にでかけて「もう一度チャンスをください」「給料なんかいらないからあと一年置いてください」と頼むのである。そして一年間だけクビがつながる。

坂口監督に言われた「シナリオというものを最初から勉強しなおせ」と言われた沼崎が「まず、世界中の戯曲を読みなおそう」と、シェイクスピアやイプセンを部屋にうず高く積んで読むのである。

私自身、その後「最初からやりなおせ」とか「初心に返れ」とかいう言葉にぶつかるたびにこのシーンを思いだすのだから、中学生だった私は、この映画にかなりの影響を受けていたのだと思う。

## セリフがないのにドラマがある
## 『裸の島』新藤兼人監督（一九六〇年）

新藤兼人が監督として俳優の演技指導するときはかなり厳しいものがある。

乙羽信子には『乙羽信子どろんこ半生記』という本がある（朝日文庫、一九六五年）。

そのなかにこういうくだりがある。

乙羽信子が性病もちの売春婦という汚れ役をやった「どぶ」という映画作成のときのことである。

「新藤が一枚の板を持ってきて別の俳優に私の頭を思い切りたたかせた。その一瞬、頭が急激に響き倒れそうになった。新藤はいった。『板が割れる瞬間を撮りたかったんです』」。

全く情け容赦もないはなしである。こうして新藤と乙羽はお互いに真剣勝負のようにつぎつぎと映画をつくっていった。私はそのなかで一番の傑作は『裸の島』だと思う。

一九六〇年に製作されたもので、モスクワ国際映画祭のグランプリをはじめ、世界各国の映画祭で受賞した。

瀬戸内海の小さな島、水も電気もない孤島に住む夫婦二人と子ども二人の生活を描いた映画で、夫婦は毎日、舟を漕ぎだして本土に行き、水を運んできて畑に撒き続けて、作物を育てて暮らしを成り立たせている。

夫婦を演じているのは乙羽信子と殿山泰司だが、全編を通じてセリフはひとつもない。ドキュメンタリーであり、映画詩であり、しかし豊かなドラマでもある。

名のある出演俳優は二人だけだが、映画を成り立たせているのは全篇を流れる音楽（林光）と海・島・雲を鮮やかに撮っているカメラ（黒田清己）である。


夫婦は朝もまだ暗いうちから舟をだして本土に渡り、上陸した近くの道路わきの小川から水を汲み島に帰ってくる。その間に二人の子どもたちが朝食の仕度をする。朝食を終えると母親がまた舟を出して本土にある学校へ長男を送る。舟は手漕ぎの櫓ですすむ和船である。

夫婦は島の段々畑に植えた作物（さつま芋のように見える）に汲んできた水を黙々とかけ続ける。かついだ天秤棒がしなるように桶になみなみと水が入れられていて、段々畑を登るのだから乙羽と殿山の二人もさぞたいへんだったろうと思うが、リアルである。

坂の途中で妻である乙羽がつまづいて桶の水をこぼしてしまう。それを見た殿山の夫が段々畑から降りてきて、妻を思い切りひっぱたく。妻は吹っ飛んで倒れる。

これがのちのドラマの複線となるのだが、映画は小さな島で暮らす一家の四季をつづっていく。子どもたちが大きな鯛を釣りあげて、これを本土の街に売りに行って四人で街の食堂で食事をするなどの小さなエピソードが続く。

しかし最後に大きなドラマが展開する。長男が突然、苦しみだすのである。父親が本土に渡り必死にかけまわって何件目かの医院から若い医者を連れてくるが、丸一日かかってしまう。長男は間に合わず死んでしまう。

その夜、呆然とした夫婦が外にでて本土の方を眺めていると、なにかの催しでもあるのか、遠くに打ち上げ花火が連続してあがるのが見える。遅れてかすかに音も聞える。このシーンがなんとも胸にしみる場面である。

本土から長男の同級生たちが先生に引率されて船で小島にきて、葬儀が行なわれる。

やがて夫婦はまた作物への水やりを再開する。しかし母親は段々畑でわざと水をぶちまけ、作物を引き抜いて、畑に身を投げて激しく号泣する。

夫は今度は怒らず、黙々と作物に水をやり続けるのである。妻は号泣をやめて、やはり水やりを始めるのである。

カメラがひいて島全体の段々畑を写して映画は終る。

ところで、新藤兼人と乙羽信子は一二歳の年令差がある。新藤が一二歳年上である。しかし、皮肉なことに乙羽が肝臓がんのために七〇歳で先に死んだ。

二人は夫婦だが、監督と俳優という関係ではお互いにリスペクトしあって終生、乙羽は夫の新藤を「センセイ」と呼び、新藤は妻の乙羽を「乙羽さん」と呼んだ。

新藤兼人に『愛妻記』という本がある（岩波書店、一九九五年）。乙羽信子が余命一年と告げられてから撮った『午後の遺言状』という映画の製作記録である。杉村春子と乙羽信子が共演して、乙羽の遺作となった映画である。

本の帯には、「妻・乙羽信子一周忌に捧ぐ。哀惜・痛恨の手記」とある。

その書きだしの部分を引用して紹介したい。

「耳もとへ口をよせて、乙羽さん、とそっと呼んだ。乙羽さんがゆっくり目をひらいて顔を少し傾けてわたしを見た。

目にはちからがなかった。

黙ってわたしを見ているので、わたしも黙っていた。

唇がうごいたので顔をよせると

『センセイが目が見えなくなったら、仕事をやめて手をひいてあげようと思ったのに……』

低い声で言った。やっと声にしたようであった。

「裸の島」（1960）© 近代映画協会

それきり、じっとわたしを見ているので、わたしは唇づけをした。

乙羽さんはこたえたが、舌にちからがなかった。

乙羽さんは目を閉じた。ベッドにかがみこんでいたわたしは体を起して、乙羽さんの白い顔を見ていた。

わたしが右目を失明しているので、左も失うようなことがあったらシナリオライターとしてはお手あげだな、と言っていたのである。

これが乙羽さんの最後の言葉だった。

それから荒い息をしてこんこんと眠り続け、二日目にしだいに呼吸が弱まった……」

深い愛情で二人が結ばれていたことがわかる。だから私の「いち推し」なのである。

# 16. 私がジャズに夢中になった頃

## 楽譜なしのセッションを生み出す苦しみ
## 『情熱の狂想曲』マイケル・カーティス監督（一九五一年）

中学生の頃、同級生にSさんという女生徒がいた。Sさんは級長で、生徒会長で、ピアノが上手で全校生徒行事の時にはピアノを弾いた。無論、勉強の成績もよかった。生徒会長としてみんなに話すときの声も涼やかであった。

男子生徒たちはお互いを呼ぶときは、女生徒を含めて名前か名字を呼びすてにしていたのだが、Sさんだけは皆「さん」づけで呼んでいた。一目置いていたのである。

ある時、たしかエロール・フリンの『ドンファンの冒険』だったと思うが、西洋のチャンバラと日本のチャンバラの違いなどについて、手ぶり身ぶりで論じて盛り上っていたのだ。そこにSさんがきて、「私、『カーネギーホール』を観てきたの」と話題に加わった。

『カーネギーホール』という映画は評判になっていたことは知っていたが、その時には都心のロードショーの時で、貧乏な子どもには手がでない時期であった。そんな時に高い料金を払って音楽映画を観に行ったということについて、さすがはSさんだな、とチャンバラ映画愛好者たちは敬服したものであった。やがて『カーネギーホール』も場末の映画館にかかるようになって私も観た。

カーネギーホールといえば一流のオーケストラが演奏する会場として知られているので、一流の作曲家の苦労ばなしの片苦しい映画なのだろうと思っていたら、ジャズトランペットのハリー・ジェイムスが苦労してクラシックの殿堂で堂々たる演奏会を成功させるという話だった。しかもハリー・ジェームス自身が主演しているのであった。

私はハリー・ジェームスのトランペット演奏をカッコいいと思った。チャンバラ変じてトランペットである。私の音楽への目覚めはこんなことで始まった。

そこで私はジャズを内容とする映画を好んで観るようになった。

そうしたなかで忘れ難い映画のひとつが、カークダグラスが実在したトランペッターを演じた『情熱の狂想曲』である。

カークダグラスの吹き鳴らす音は、ハリー・ジェームスが吹き替えで入れている。友人の歌手として登場するのはドリス・デイ。この映画のなかで何曲も歌っていて、ドリス・デイの若かりし頃のヒットソングはたっぷり楽しめる。もうひとりの友人役でスモークというあだ名で煙草ばかり吸っているピアニストは、これも名曲『スターダスト』の作曲家として有名なホーギー・カーマイケルが演じているので、プロとしてのピアノ演奏も楽しめる。そういう意味では超一流の娯楽映画である。

しかし、私がこの映画を忘れ難く思うのは、カークダグラスが演じているモデルにある。一九二〇年代のジャズ黎明期に活躍したビックス・バイダーベックという、実在したトランペッターだ。彼が新しい音楽表現としてのジャズセッションをつくりだす苦しみを描いているからだ。娯楽作品であるとともに大真面目な映画であり、この時代（一九四九年）のハリウッド映画のよさがつまっている。

リック・マーチンは子どもの時、父母と死別して姉に育てられるが、孤独で学校にもなじめない。近くの教会へ行き、讃美歌のピアノ伴奏に興味をもち、ダンスホールのバンド演奏をのぞき見してトランペットに心惹かれる。

そのダンスホールのバンドの黒人トランペッターであるハザード（ジョン・ヘルナンデス）がマーチン少年を可愛がってトランペットを教える。

やがてマーチンも成長し、トランペッターとして働くようになり、歌手ジョー（ドリス・デイ）がいるバンドに加入する。しかし、ダンス音楽にあきたらず、指揮者が席をはずしたときにピアニストのスモーク（ホーギー・カーマイケル）と即興のセッションを行なう。この場面が目がさめるほど素晴らしい。

しかし、マーチンとスモークはこれが原因でバンドをやめることになる。歌手ジョーがマーチンを引きとめようとして海岸で話し合う。マーチンは言う。

「やりたいのはお坊っちゃんのやるクラシックと違う。譜面に残らなくても演奏しているときに感じればそれでいい。聴いたこともない音をだしたいんだ」

ジョーは心配して言う。

「そんなに思いつめていると変になってしまうわよ」

しかし、マーチンは次第に才能を発揮して、著名なバンドのポスターにソロ演奏者として名前がでるようになる。

ある時、少年の頃に指導してもらったハザードがすっかり年老いて、場末のホールで演奏していることがわかると、夜、無料でホールに出演して演奏する。するとバンドが見違えるようになり、ホールの客がダンスを忘れてバンドに拍手する。

ハザードが客に説明する。

「私が彼に教えたのはトランペットの持ち方だけだ。吹き方は彼自身のものだ。他人からは学べないものがある。それはハートだ」

いい場面である。

やがてマーチンはエミー・ノース（ローレン・バコール）という女性と結婚する。エミーは金持ちでインテリだが、マーチンと同じように父母との関係で人間不信が深く、才能豊かだがどの分野も中途半端で、トランペットに打ちこんでいるマーチンにやきもちをやいている複雑な女性である。

マーチンはエミーを愛するが、結婚生活はうまくいかない。マーチンは酒におぼれるようになってしまう。そんなマーチンを心配してハザードが訪ねてくるが、冷たくあしらってしまう。衝撃

を受けたハザードがその帰途で自動車にはねられて死んでしまう。それを知ってマーチンはさらに酒におぼれていく。

最後は街のアル中を収容する施設に入れられているマーチンをスモークとジョーが訪ねてくる。マーチンは言う。

「もう一度やろう。誰も聴いてくれなくてもいい。俺たちが楽しもう。言葉はいらない。説明も必要ない。感じればいい」

そこにマーチンを病院へ運ぶ救急車がくる。その救急車のサイレンを聞いてマーチンが言う。

「俺がだしたかった音だ。いい音だ」

そしてマーチンは死ぬ。

モデルとなったビックス・バイダーベックが亡くなったのは二八歳のときだったという。

私はグループの楽器がそれぞれ即興でソロをやりながら次第に盛り上っていくセッションが大好きで、当時、J・A・T・Pというグループがあり、ジーン・クルーパのドラムソロとベニー・グッドマンのクラリネット・ソロのかけあいで息もつけないように盛り上る『シング・シング・シング』などは何回聴いても飽きなかった。

ああいう音楽表現がこうやって生れていったんだ、と教えられる映画である。

ジャズの歴史をコメディで語る

## 『ヒット・パレード』ハワード・ホークス監督（一九五一年）

これは楽しい映画である。なにしろ出演者はダニー・ケイとヴァージニア・メイヨに加えて、ベニー・グッドマン、トミー・ドーシー、ルイ・アームストロング、ライオネル・ハンプトンである。

なに？　ライオネル・ハンプトンなんて知らない？　うなり声をだしながらヴィブラホンを演奏する人ですよ。なんてひとりで勝手に盛り上ってしまうのはルール違反ですよね。

フリスビー教授（ダニー・ケイ）はトッテンという人がスポンサーになっている財団の仕事で、実際の音楽演奏つきの「世界音楽史」をつくっている。フリスビー教授を入れて七人の音楽家たちが、もう九年もビルにたてこもって仕事をしているがまだ完成していない。そこにビルの窓拭きをする黒人が二人登場し、ピアノをひき、教授たちのバッハやグリークの曲をジャズ風にアレンジしてしまう。フリスビー教授は「俺たちが九年間も閉じこもっているうちに音楽は変ってしまったらしい」と、外にでて音楽を聴いてくることになる。

フリスビー教授はクラブやダンスホールや居酒屋をめぐって、ブギウギやディキシーやスウィングやビーバップを聞いてまわる。

ここで登場するのがトミー・ドーシーや、ルイ・アームストロングやライオネル・ハンプトンである。ルイ・アームストロングが若くてトランペット演奏に勢いがある。ハニーという歌手（ヴァージニア・メイヨ）にも会って教授は名刺を渡す。ところがハニーはギャングの情婦。犯罪にまきこまれるのを防ぐために、トッテン音楽財団のビルに逃げこんだためにドタバタ喜劇が始まるという映画である。

さて、フリスビー教授はトッテン音楽事典の第11巻22番から29番までを「ジャズの歴史」と銘打ってつくることにする。そのため、ジャズ音楽家たちが財団の録音室に集まって演奏することになる。

フリスビー教授のシナリオは「ジャズの最初の楽器はアフリカで生れた太鼓である」というところから始まって、世界をまわって変化しながらアメリカに到って現代のジャズになったというものだ。そこでセッションが行なわれるのだが、そこまできて「あれ！、クラリネットがいない」ということになり、「グッドマンならやれるのに」というセリフが画面にでたところで、トッテン財団の七人の老教授のなかのひとり、マゲンブルック教授がピンチヒッターとしてひっぱりだされてくる。マゲンブルック教授はアカデミーの老教授らしく「楽譜はないの？」と聞く。実はこの教授を本物のベニー・グッドマンが演じているのである。

ベニー・グッドマンはクラシック音楽のクラリネット奏者として一流の人で、その人がジャズ演奏家としても一流であった人気が高い人物である。そのことはアメリカの映画観客は皆知って

いるということを前提にして、本人にこういう役をやらせているのである。

グッドマンのマゲンブルック教授は、さもクラシックしか演奏したことのない教授らしく、他のジャズメンたちのように身体でリズムをとることができず、クラリネットを吹きながら兵隊さんのように足をふりあげたりする芝居をして笑わせる。

映画は「耳をかたむけよう、ジャズの歴史に！」というかけ声とともに、ルイ・アームストロングの歌とトランペット、トミー・ドーシーのトロンボーン、チャーリー・バーネットのサックス、ベニー・グッドマンのクラリネット、ライオネル・ハンプトンのヴィブラホン、ジーン・クルーパのドラムとくりだされてセッションが行なわれる。それぞれが迫力満点なのである。

なお、トッテン財団の七人の教授たちは、ディズニーの白雪姫にでてくる七人のこびとたちのパロディである。白雪姫はさしずめヴァージニア・メイヨなのだが少し品がない。

しかし、彼女も途中から改心してギャングたちと別れ、ダニー・ケイのフリスビー教授と結ばれてめでたしめでたしとなるのである。

# 17. わが心の西部劇

## 中年男性のほのかな恋をないまぜて
## 『荒野の決闘』ジョンフォード監督（一九四六年）

私の高校生の頃は、映画と言えば西部劇であった。毎週のように話題の西部劇が封切られた。映画のクライマックスの決闘シーンで、誰の拳銃さばきが一番速いかなどと友人たちと言い争ったものである。要するにミーハー的映画ファンだったのである。

たくさん観た西部劇映画のなかで、いつまでも心に残っている映画について語りたい。その映画がなぜ心に残っているのかということについて考えてみたい。

ジョン・フォード監督の『荒野の決闘』は原題は『愛しのクレメンタイン』という。

主題歌が、オーマイダーリン・クレメンタインという女性賛歌なのである。この曲はその後、ダーク・ダックスによって『雪山賛歌』として唱われ大いにはやった。「雪よ、岩よ、われらがやどり」というあの歌である。

主演はヘンリー・フォンダ。ヘンリー・フォンダが想いを寄せるクレメンタインにキャシー・ダウンズ。

映画のクライマックスはヘンリー・フォンダが演ずる保安官ワイアット・アープとその弟たち

が行なう牛泥棒を稼業とするクラントン一家との決闘である。

この決闘は一八八一年にアリゾナのトウムストンで実際に起きた西部史上、有名な事件で、ワイアット・アープも実在の人物である。

実際の決闘は、「わずか3、4メートルの至近距離で行なわれ、約三〇秒間に三十発前後の弾丸が飛びかった」と記録されているそうだが（逢坂剛ほか『西部劇への招待』（PHP研究所、二〇〇四年）映画では逃げまどう馬が両者の間に入ったりしてサスペンスを盛り上げている。

なぜ決闘するにいたったのかと言えば、アープ兄弟がカウボーイとしてメキシコから牛の大群を運ぶ途中で、夜間、一番下の弟を留守番にして三人の兄たちがトウムストンの街へヒゲを剃りに行っている間に、クラントン一家が留守番の弟を殺して牛の大群を盗んだからである。止むを得ずアープたちはトウムストンで保安官とその助手として就職し、牛泥棒と弟殺しを捜すことになる。

牛泥棒のクラントン一家は徹底的に卑劣で乱暴者として描かれる。特に父親（ウォルター・ブレナン）が成人している息子たちをムチでしごく場面がすごい。

これに医者くずれの賭博師、ドク・ホリディ（ヴィクター・マチュア）がからむ。ホリディは肺病で発作をくりかえしているのに酒を飲み続け、賭博場を経営している。もとは教養のあるインテリらしく、トウムストンにきている旅役者が、ハムレットの「生きるべきか、死ぬべきか、それが問題だ」の有名な長ぜりふを途中でつかえてしまったときに、ドク・ホリディがその続きをやったりするのである。

そのホリディの婚約者がクレメンタインで失踪したホリディをさがしてトゥムストンまできたのである。ところがホリディにはすでに酒場女（リンダ・ダーネル）がいる。ホリディから「早く東部に帰れ」などとつき放されるクレメンタインにアープは同情せざるを得ない。

おりしも街中の住民が力をあわせて教会を建設することがすすめられていて、その建て前が行なわれたことを記念してダンスパーティが行なわれる。アープは力づけようとそのダンスパーティにクレメンタインを誘う。街の人々は「保安官に場所を空けよう」と一時、ダンスをやめる。そのなかでアープとクレメンタインが踊る。この場面がなかなかいい。西部劇とアメリカの国づくりの歴史そのものが融け合っているのである。

やがて、アープの気持ちが同情から愛情へと変っていく。特に恋愛場面らしいところはないのだけれど、実力ある大人としての恋をヘンリー・フォンダが巧みに表現するのである。ワイアット・アープが床屋のおやじに「あんたは恋をしたことがあるかね」と聞いたりするのである。

『荒野の決闘』は定石どおり、クライマックスはアープ兄弟とクラントン一家の迫力ある銃撃戦だけれど、それに至るまでにカウボーイの過酷な労働の姿、アメリカ国民の街づくりの歴史、そのなかで生きる人間たちの挫折や恋愛などが描きこまれていて心に残る名作なのである。

ワイアットアープとクラントン一家の決闘は他に再三、映画化されているのだが、なかでも有名なのはジャン・スタージェス監督の『O・K牧場の決闘』だろう。

こちらはアープにバート・ランカスター、ドク・ホリディにカーク・ダグラスという配役である。

実際の決闘は三〇秒だったことはすでに書いたが、この映画の決闘シーンは約十分間もあり、ど派手な銃撃戦で西部劇ファンはこちらのほうを高く評価する人が多い。特にドク・ホリディをやったカーク・ダグラスは記憶に残る名演である。しかし私はやはり『荒野の決闘』のほうが忘れ難い。

『荒野の決闘』の恋愛はどうなったかというと、ラストシーンでクレメンタインがトウムストンに残り小学校の先生となって生きていくことになり、アープがそれを激励して故郷に帰っていく場面である。このラストシーンにアリゾナの高原がつかわれていて詩情があるのである。

## 開拓農民の苦闘を描く
## 『シェーン』ジョージ・スティーブンス監督（一九五三年）

この映画を観た人であのラストシーンを忘れる人はおそらくひとりもいないであろう。それほどの名シーンなのである。

「シェーン・カムバック」

少年の心の底からの叫び声が響くなか、夜のワイオミングの平原を去っていくシェーン。そこにビクター・ヤングの作曲、『遥かなる山の呼び声』の音楽が重なって映画が終る。しかもこのラストの直前が、凄絶な決闘シーンだったのである。

農民たちを守るために罠が仕掛けられていることを承知のうえで酒場に乗りこんでいったシェーン（アラン・ラッド）が、農民たちを圧迫し続ける放牧業のライカーが雇った二丁拳銃の早撃ちウィルソンと対決して、相手の上回る0・6秒の早撃ちで倒すのである。ふりむきざまに親分のライカーの攻撃をも制して、シェーンはこれで終ったとばかりに拳銃をクルクルとまわしてホルスターに納める。

しかし、二階からライフルで狙っている者がいた。少年の声で気がついてこれも倒す。その時、シェーンも負傷してしまう。これで決闘シーンが終る。

西部劇の華と言えば、なんといってもガンプレイによる決闘シーンである。『シェーン』の決闘シーンは時間的にはかなり短いシーンなのだが、ジョージ・スティーブンスの演出力で密度の濃い名シーンとなっている。

シェーンが酒場に入ると、場の空気に緊張がいっきに張りつめる。カウンターの下で寝そべっていた犬が、頭を下げてそっと外へでていくのである。あの犬の演技力たるや、たいへんなものである。

しかし、なんといってもジャック・パランスが扮した二丁拳銃の早撃ちウィルソンが印象強く画面をひきしめる。黒づくめの服で、いざというときには黒い手袋をわざわざつける。酒場に座っても飲むのはコーヒーだけ。

ライカーが農民を威圧するために雇った殺し屋なのだが、ライカーからは「保安官もうるさいから、法に違反して人を殺すようなことはしないように」とも言われているのである。するとウィルソンは、農民たちのなかの短気者を言葉で挑発して、カッとなった農民が思わず拳銃を抜いたところを見はからって、早撃ちで一撃のもとに倒す。農民たちに激しい動揺が走るのである。

腕も頭もよい悪者を演じて、ジャック・パランスはこの映画で西部劇スターになった。日本の時代劇で言えば、月形龍之介といったところか。

しかし、私が『シェーン』をなぜ「わが心の西部劇」というテーマでとりあげたかというとアラン・ラッドの決闘シーンが恰好よいからというだけではない。この映画は農民たちの苦労と団結の大切さがよく描かれているからなのである。

映画の最初のところで、長旅をしてきた流れ者であるシェーンがスターレット家という農家に泊めてもらうことになる。そして、しばらく農業を手伝うことになる。最初の仕事がスターレット家の庭に残っている木の切株を取り除くことである。

スターレット家は夫婦（ヴァン・ヘフリン、ジーン・アーサー）と男の子（ブランドン・デ・ワイルド）の三人家族なのだが、ヴァン・ヘフリンとアラン・ラッドの二人が斧をふるい、土を掘って汗だくになって大きな切株を掘り起したときに、ヴァン・ヘフリンがいう。

「やれ、やれ、これで二年越しの問題が片づいた」

私は一九四五年九月から一九四九年六月まで北海道で開拓農民として暮らした経験がある。農民というより小学校三年生から中学一年までのほんの子どもであったのだが、開拓農民として樹の切株を取り除くということがどれほど大変なことなのか、子どもながらにいまだに憶えている。

私たち一家が入植したところは、北海道十勝で河西郡更別村字昭和東区というところであった。終戦直前に国の施策として北海道開拓が募集され、私の父親がこれに応募したのである。

わが家に貸与された土地は五町歩ほどあって、大部分はすでに開墾されたことのある耕作放棄地であったが、新たに原野を切り開かなければならない土地もあった。そういう土地は文字どおり樹木を取り除く開拓である。小さな柏の木は根を断ち切って抜くのだが、ある程度大きな樹は切り倒しただけで切り株が残った。わが家がつくった新しい畑は切り株だらけとなった。

いざ、土地を耕すとなると馬にプラオ（土壌を耕起する農具）を曳かせるのだが、切り株にプラオの刃先が空きささって馬も人間も動けなくなることがたびたび起きた。仕方なく父親は切り株にさしかかる二メートルも前でプラオを倒して迂回した。そうすると耕したとはいうものの畑はまだら模様になり、通りかかった人たちは笑うのであった。トラクターも耕運機もない時代のことである。そして入植五年目で農業を断念、東京へ戻った。

『シェーン』には農作業のシーンはないのだが、切り株を取り除くシーンで新しい平地をつくる苦労を表現しているところが、うまいなと思うのである。

さて、西部劇映画がつくられなくなって久しい。

私は西部劇がいわゆるマカロニウェスタン（イタリア製西部劇）となってからは観なくなった。なぜ、西部劇映画はつくられなくなったのか。

やはり最大の問題は先住民をインディアンと呼び、これらの人々の人権を無視し、侮辱し続けることで成り立つ映画世界は成立しないからだと思う。

いくら白人同士の争いを描いたとしても、その背景に先住民を追放し、白人社会をどうつくるのか。こういった物語ではやはり限界を迎えることになる。

『シェーン』だって一見、白人同士の争いを描いているようだが、悪者であるライカーが牛の放牧に必要な広い土地を独占しようと、定着して農業をやろうとしている農家たちに「おれだってインディアンにやられた傷も残っている。おれたちには権利はないのか」というセリフを吐くシーンがある。

『荒野の決闘』でも酒に酔った男がやたらに拳銃をぶっぱなす場面があって「誰だ、インディアンに酒を売ったのは」という街の声があり、ワイアット・アープが二階からレンガをぶつけて男を気絶させる場面がある。

名作と言われるこれらの作品でも、先住民族の土地と文化を奪ったアメリカの歴史そのものは肯定してつくられているのである。

九〇年代に入ってケビン・コスナーが『ダンス・ウィズ・ウルブス』をつくって先住民族の文

化へのリスペクトを強く打ちだし、私も観て感動したのだが、やはりこれはいわゆる西部劇映画ではないとも思ったものである。

ミーハー的映画好きも時代とともに進化するのである。

## 18. なんといっても時代劇

### 家来の手柄は主人公の手柄。はて?
### 『血槍富士《ちやりふじ》』内田吐夢監督（一九五四年）

時代劇と言えばチャンバラ。西部劇におけるガンプレイと同じようにスターによる太刀さばきが誰がキレイで上手いか、というのが中学生の頃の映画好き少年たちの話題であった。そういう点で私は嵐寛寿郎、アラカンのたちまわりが好きであった。美しいのである。

鞍馬天狗シリーズで映画の最後に月形龍之介の近藤勇と嵐寛寿郎の鞍馬天狗が京都の東寺の境内で対決する、というのがあった。

勝負は一瞬のうちに決着する。鞍馬天狗が近藤勇の刀をはね上げる。東寺の美しい五重之塔を背景に近藤勇の刀が舞う。

映画はそのあと、月形龍之介のお芝居も嵐寛寿郎のお芝居もなく、「かくて時は、江戸へ、江戸へと流れる」なんていうタイトルが流れ、鞍馬天狗が馬を走らせているところで終る。要するに、たちまわりをどう美しく見せるかということを追求しているのである。中学生の頃はそういう映画に興奮していたのである。しかし高校生になると、それではあきたりになっていった。そんな時に出合ったのが『血槍富士』であった。

映画の最終盤に、片岡千恵蔵が長い槍を振りまわし、五人の侍を相手に大たちまわりを七分間にわたって演ずるのだが、これがまたこれまでのチャンバラ・クライマックスとは大違いで美しい剣術の様式技をみせるどころか、知恵蔵が泥のなかをのたうちまわって槍を振りまわすだけなのである。

なぜなら千恵蔵は武士ではなく、槍持ちの奴っこさんで、武術を身につけているわけでもないからだ。ただ、供をしてきた主人と同僚が殺されている現場を目撃して、あまりのことに思わず持っている長槍を両手で差し上げて五人の侍をにらみつけるところから、観客も片岡千恵蔵に感情移入して、大たちまわりを見ることになってしまうのである。

決闘の場所は居酒屋を兼ねた造り酒屋の中庭である。庭には酒が仕こまれている大きな樽が並んでいる。千恵蔵がめったやたらに槍を振りまわすものだから、誤って樽を突き差してしまい、空いた樽の穴から酒が吹きだしてきて中庭は泥沼のようになってしまう。相手の五人の侍は酔っているうえに。あふれ出た酒の泥沼に足をとられ腰が定まらない。

結局、主人を殺された槍持ちの怒りが侍を上回って一人、一人と倒されていくのであるが、これが立ち回りの様式的な美しさとは無縁の迫力なのである。

しかし、私がこの映画を忘れられないのはこの立ち回りシーンだけではない。立ち回りに至る映画のテーマなのである。

世間知らずの純情な青年武士が現実社会の矛盾にぶつかって、武士という自分の身分に疑問を持ち悩むなかで事故に会って命を落す話なのである。

酒匂小十郎（島田照夫）は藩のお役目で、江戸のさる筋を訪ねるため槍持ちの権八（片岡千恵蔵）と荷物持ちの源太（加東大介）を供につれて東海道を旅している。旅人たちは普段は宿場でそれぞれの宿屋に宿をとるが、ある時、大雨で川止めとなり、侍も町人も同じ宿で同じ大部屋でざこ寝することになる。

酒匂小十郎はそこで三〇両で身売りをする娘（田代百合子）とその父親（横山運平）と同宿することになり、事情を知った小十郎はすっかり同情してしまう。そこで権八にかつがせてきた酒匂家の家宝である長槍をカネに替えて娘を救おうと試みる。雨のなか、刀剣商に持ちこむのだが、これが三〇両はおろか一〇両にもならない代物だと言われてしまう。

その間、宿では同宿者のなかに街道を荒しまわっていた大泥棒（進藤英太郎）がいることがわかり、大騒動の捕物さわぎになる。

大泥棒が正体を明かしてひらきなおり、くぐり戸からでて行こうとすると、そこに槍が入ってくる。それは権八が主人を探して売れなかった槍を持ち帰ってきただけの話なのだが、偶然その穂先が、くぐり戸をでようとした大泥棒の鼻先に向いていたので、そこで大泥棒は御用となってしまう。

そこから話がややこしくなってくる。

地域を管轄している代官が長年、捕えあぐねていた大泥棒を捕らえたということで、酒匂小十郎を表彰するのである。麗々しく「感状」を授与するのである。

しかし小十郎は「それは拙者の手柄ではござらぬ。家来の偶然の槍にひっかかったものでござる」と感状を辞退する。すると、代官の使いの武士が「いや、家来の手柄は主人の手柄。家来は主人があっての手柄なのだから、家来の手柄は主人の手柄である」と言って感状をおしつけて帰ってしまう。

ここから酒匂小十郎の悩みが始まる。

関ヶ原の戦いで先祖が神君家康公から戴いた酒匂家の家宝である槍も偽物だったということがわかるし、大泥棒を捕まえたのも実際は宿屋でいっしょに寝ていた町人たちの協力だったし、いったい武士という身分の自分とは何なのかという悩みである。

一方、身売りされることになっていた娘は、同情していた藤三郎（月形龍之介）という男に救われる。かつて身売りをさせた自分の娘を買い戻すために必死になってつくった三〇両を、いざ

娘が働いているはずの色街へ行ってみると、自分の娘は二年前に死んでいたことがわかった。また、いま、同じ金貸しの久兵衛（吉田義夫）が新しい娘を買うところを見て、藤三郎は三〇両を久兵衛にたたきつけて娘の証文を取り戻し破棄するのである。

やがて雨があがり、宿場は旅立ちの朝を迎える。

娘と父親、それに藤三郎、さらに藤三郎を「大泥棒」ではないかと疑っていた目明し（加賀邦男）も真相がわかって藤三郎に謝まり、いっしょに旅に立つのである。それを二階から眺めていた酒匂小十郎がしみじみと言う。

「あの人たちがうらやましいなあ、なんの飾りもなく心と心がつながりあっていて」

そして旅立ちの前に小十郎は源太を誘って酒を飲みに行き、造り酒屋の座敷でこんな問答をするのである。

「源太は源太、小十郎ではないの？」

「え？」

「わからんことはあるまい。おまえはおまえ、わしはわしだ」

「さようでございます」

「よいか、小十郎は小十郎、源太は源太。それなら筋が通る。家来の手柄が主人の手柄とはこれはどうもおかしいぞ。どうも侍というやつはさっぱりせんな。筋が通らんことが多いぞ。そこへいくとさっきの人たちはうらやましい。することに嘘いつわりがない、心と心に嘘いつわりがない。嘘の槍で嘘の手柄をたてて何になる。下郎の手柄は主人の手柄、主人の手柄は主君の手柄、さすれば主君の手柄は誰の手柄となるのだ。ばかげておる」

運の悪いことにそこに酔った五人連れの侍たちが入ってくるのである。たちまちそれらの侍たちと酒匂小十郎との言いあいになってしまう。

「なんだ、下郎の分際で主人と同席して酒を飲むなぞけしからんぞ。身分をわきまえぬ主人も主人だ」

これに酒匂小十郎が言い返す。

「なにが主人も主人だ。下郎も同じ人間ではないか。いっしょに酒を飲んでなにが悪い。無礼を申すな！」

「無礼?!　そうではないか。侍は侍の道がある。そなたは武士の風上にもおけん奴！」

こうして酒のうえでの斬り合いが始まってしまい、小十郎も源太も殺されてしまうのである。そして駆けつけてきた権八が大立ち回りをすることになる。

酒匂小十郎という武士は、封建的な身分社会の矛盾に対する疑問につきあたり〝下郎も同じ人間ではないか〟という近代の人格認識に到達して命を失ってしまう。

高校生だった私には『血槍富士』というのはたいへん哲学的な時代劇だったのである。

休憩もある、究極の時代劇

## 『七人の侍』黒澤明監督（一九五四年）

三時間半の映画である。

途中で「休憩」がある。映画の前半が終って、突然スクリーンに「休憩」の文字が映り場内が明るくなる。その時に起きた客席のざわめきが忘れられない。

場内が明るくなってもスクリーンには「休憩」の文字が映り続けている。友人と連れだって観にきた人は、いま観たばかりの映画の感想を語り合っている。私はあいにくひとりできていた。私もこの映画にひきこまれ、誰かに感想を話したいと思い、独りで観にきたことを悔んだ。

この映画に設定されている時代はいつかというと天正一五年、つまり一五八七年なのである。なぜそんなことがわかるのかというと、映画の冒頭で七人の侍に加わりたいものの「本当の侍か」と疑われて仲間に入れてもらえない菊千代（三船敏郎）が、あやしげな家系図を持ってきて、「ここに書いてある菊千代というのがおれだ」と主張するところがある。リーダーの島田勘兵衛（志村喬）に菊千代が天正二年甲戌《きのえいぬ》生れと書いてあることを指摘され、「それではお前は一三歳か」と笑われる場面があるからである。つまり、天正二年に一三年足すと天正一五年になる。私はこのことを四方田犬彦「『七人の侍』と現代——黒澤明再考」（二〇一〇年、岩波新書）という本で教えられた。

一五八二年が本能寺の変であり、一五八七年というと豊臣秀吉が関白となって二年目である。まだ秀吉が権力を確立しつつある時で、農民に完全な非武装を強要する秀吉の「刀狩り」は一五八八年だから、農民が落武者狩りをやって刀や槍をかくし持っていた時代なのである。日本は「戦国時代」が終ったばかりで、失業した侍たちが職を求めてうろうろしていた時代だ。

この映画のおもしろさはこの巧みな時代設定にある。

黒澤明は『七人の侍』を「一口で言えば自分たちの村を守るために侍をやとう話」だといっていた（新日本出版社、山田和夫「黒澤明」一九九九年）そうだが。

「本物をつくろう、本物の時代劇を」

「今の時代劇で一番いけないところはあの『形式』だ。侍も百姓もピンシャンとした着物を着て、いま髪床からでてきたばかりの髪をしている。あれはみんな歴史的な事実を無視し変型した歌舞伎からの型だ。動作も服装も小道具もかつらもみんな拵えものだ。あれを一度、正確なものに考えなおそう」ともいっていた（広澤榮『日本映画の時代』岩波書店、一九九〇年）。

まさにそのとおりで『七人の侍』はわが国でつくられた最初の「本物の時代劇」なのである。

「本物の時代劇」というのは、服装や小道具やかつらを本物らしくつくるというだけではない。野武士の襲撃から村をどう守るのかというストーリーのクライマックスそのものを、戦略から戦術までリアルに劇的に描き切ったところに「本物」らしさがある。

野武士の襲来を防ぐために、集落から離れたところにある農家を放棄させたり、田んぼを掘り下げて塀をつくったりと村落そのものの改造を行なう。出入口をひとつにしぼって決戦を迎えるという道筋を説明ではなく、ひとつひとつをドラマチックに映像化して盛り上げていく。だから雨のなかの最後の決戦はたいへんな迫力である。観客が納得して決戦シーンを迎えてしまうからである。

もうひとつ、この映画の魅力は登場人物の個性豊かな描き方である。侍で言えば久蔵の宮口精二、勝四郎の木村功、農民で言えば長老の高堂国典、とぼけた百姓の左卜全、したたかな百姓の藤原釜足など実に見事だ。そのうえで、私はこの時代の社会を俯瞰的にとらえることができる視点を持った三人の人物を登場させたことが、この映画をおもしろくさせた最も大きな要因だと思う。

ひとりは志村喬演ずるリーダー役の島田勘兵衛である。かつてはそうとうな地位にあった武士であろうが、負け戦さが続いて老境にさしかかり、時代の流れにも武士というおのれの身分にも懐疑を持っている人物である。

もうひとりは三船敏郎が演じる菊千代である。農民の生れだが戦乱のなかでみなしごになり、武士になろうとして武士にも農民にもなれない男である。

さらにもうひとり、この時代の労働者ともいうべき、博打好きの人足を多々良純が演じていて、武士にも農民にも批判的な視点をもっている。

この三人がかみ合ってドラマの緊張感をつくりだしているのでおもしろいのである。

例えば、侍をやとうために侍たちに食わせる米をかついで村をでてきたものの、おいそれと「白い飯をたらふく食わせる」という条件だけで野武士とたたかってくれる侍はいない。

そのうち「頼みを聞いてもらおう」と侍たちにふるまっていた米を盗まれてしまい、農民たちは村に帰らなければならなくなる。

農民のひとり左卜全は、米が盗まれた責任を仲間から問われて泣きべそをかいている。

これを見て多々良純の人足が、

「あーあ、百姓に生れなくてよかったな、まったく。しんじまえ！　早く首くくって死んじまえ」

と農民たちに悪態をつくのである。

すると、にぎり飯をふるまわれていた侍のなかの若侍勝四郎（木村功）が言う。

「下郎！　くちをつつしめ！　貴様たちにはこの百姓の苦しみがわからないのか」

すると多々良純の人足が言い返すのである。

「ふん！　わかってねえのはお前さんたちよ。わかったら助けてやったらいいじゃねえか。おいお侍！　これはお前たちの食い分でこれをみてくれ。この抜けさくたちは何食ってると思う？稗《ひえ》だよ。百姓にしちゃ精一杯なんだ！」

このやりとりを見ていた勘兵衛が、ふるまわれた大きなにぎり飯を掌にのせて農民たちに言うのである。

「この飯、おろそかには食わんぞ」

ここで勘兵衛の腹が決まって『七人の侍』のストーリーの本筋が始まるのである。

もうひとつは七人の侍が村に到着して、農民を竹槍で武装させて訓練しているうちに、実は集落のなかに落武者から奪いとった武器がたくさんあることがわかる。

その時に侍のなかに動揺が起る。

勘兵衛が言う。

「落武者になって竹槍に追われた者でなくてはこの気持ちはわからん」

久蔵も言う。

「おれはこの村の奴らを斬りたくなった」

その時、菊千代が熱弁をふるうのである。

「やい、おめえたちに言いたい。百姓をなんと思っていたんだ。ばかいっちゃいけねえや、百姓くらい悪ずれした生きものはねえぜ。米だせって言ったがねえ。ムギだせって言っちゃ、ねえ。ところがなんでもあるんだ」

「だがな、こんな生きものにしたのは誰だ。おめえたちだ。侍たちだ！　田畑はみなつぶす、食いものはとりあげる」

と言って三船敏郎が泣くのである。七人の侍の団結は辛じて互解をまぬがれるのである。

そしてすでに書いたように、野武士たちとの死闘が行なわれる。七人の侍のうち平八（千秋実）、五郎兵衛（稲葉義夫）、久蔵（宮口精二）、菊千代（三船敏郎）が死ぬ。野武士たちは全員討ちとられる。

やがて春がきて田植えが始まり、生き残った勘兵衛、七郎次（加東大介）、勝四郎は村を去る。

勘兵衛は田植えをしている農民たちを見ながらいうのである。

「今度もまた、負け戦さだったな。いや、勝ったのはあの百姓たちだ。わしたちではない」

戦さで死んだ人たちの墓と、田植えをしている農民の姿と、村を去る三人がひとつの画面にお
さまるショットがあって映画が終るのである。

「ああ、映画を観た！」

そういう満腹感のような感じがいまだに残っているのである。

# あとがき

まずこの本を読んでくださった方にお礼を申し上げたい。

映画評論というわけでもない、社会評論というわけでもない。ただ以前に観た映画をネタにして好き勝手なことを書いただけである。

ネタにした映画は古いものばかり。

私は一九三六年（昭和一一）生まれで、ことし八八歳、いわゆる米寿である。その私が昔、観た映画なのだから、大部分の人は観ていないのが当たり前だ。そんな映画をネタにしておしゃべりしたことに、お付き合いくださった方々には感謝しかない。

考えてみれば、私の青春時代は映画が娯楽、文化、産業としても最盛期であった。街のいたるところに映画館があったし、子どものこずかい程度で観られる映画会もたくさんあった。町会やＰＴＡ主催の映画会もあったし、大学のサークルが主催する映画会もあった。要するに金がなくても映画を観ることができたのである。

黒澤明の『羅生門』は中学生の時、同級生から映画会社の株主優待券をもらって観たことを憶えている。そこで黒澤明に目覚めて、それから『酔いどれ天使』や『野良犬』などリバイバル上映を探して歩くことになった。つまり、一九四〇年代から五〇年代をピークにして六〇年代前半までというのは黒澤明にしろ、木下恵介にしろ、小津安二郎、溝口健二、今井正、山本薩夫……、そうそうたる映画作家たちが最も力を発揮した時代であり、私の中学生、高校生と多感な青春時代が重なったのである。

その幸せ感はわが人生をふりかえって何物にも代えがたい。

しかし、それだけでは人もいやがる年寄りの昔話になってしまう。これまで観た映画のおもしさを現代につながるものとして書けないかな、という思いで書いたのが本書である。だから映画評論でもなく、社会評論でもないものができてしまったわけなのだ。

しかし、いま、日本共産党も含めて、戦後の日本社会の民主主義を支えてきた諸運動が「世代的継承」の問題で悪戦苦闘している。私などもアニメとスマホが主体となっている世代の内面世界はどうなっているのか、見当もつかないのだ。ここはひとつ、先行する世代がなにに感動して成長していったのかを積極的に語るのもありかなと思う。

そういう気持ちを少しこめて書いたので、まんざら年寄りの昔話だけではないと受け取っていただければ幸いである。

なお、この本は東銀座出版社の猪瀬盛さんの協力があってつくられたもので、感謝の気持ちを込めて付記しておきたい。

二〇二五年　一月

木村 ようじ（きむら ようじ）

1936年、東京都新宿区生まれ。
1959年から20年間、東京都葛飾区職員として働く。
その間、都職労中央執行委員などを歴任。
1981年から2005年まで6期24年間、日本共産党都議会議員をつとめる。
その間、都議団幹事長、団長などを歴任。

主な著書
『都政エッセイ』（光陽出版社）
『都知事選ウロウロ日誌』（かもがわ出版）、
『くじらが陸にあがった日』（かもがわ出版）
『〈評論集〉堀田善衛のまなざし』（かもがわ出版）　など

『私の映画談義　昔、観た映画を語る』

2025年1月17日　第1刷発行


著者　木村 ようじ

発行　東銀座出版社

〒171-0014　東京都豊島区池袋3-51-5-B101
TEL：03-6256-8918　FAX：03-6256-8919
https://www.higasiginza.jp

印刷　モリモト印刷株式会社